ISABEL CORPAS DE POSADA

Creer
con los hijos y con los nietos

¿Cómo respondemos a sus preguntas acerca de la fe?

ISABEL CORPAS DE POSADA

Creer
con los hijos y con los nietos

¿Cómo respondemos a sus preguntas acerca de la fe?

AGUILAR

AGUILAR

© 2009, Isabel Corpas de Posada
© De esta edición:
   2009, Distribuidora y Editora Aguilar, Altea, Taurus, Alfaguara S. A.
   Calle 80 No. 9-69
   Teléfono (571) 6 39 60 00
   Bogotá, Colombia

- Aguilar, Altea, Taurus, Alfaguara, S. A.
  Av. Leandro N. Alem 720 (1001), Buenos Aires
- Santillana Ediciones Generales, S. A. de C. V.
  Avda. Universidad, 767, Col. del Valle,
  México, D.F. C. P. 03100
- Santillana Ediciones Generales, S. L.
  Torrelaguna, 60. 28043, Madrid

Diseño de cubierta: Ana María Sánchez B.
© Fotografía de cubierta: Loop Delay, Getty images

ISBN: 978-958-704-837-7
Printed in Colombia — Impreso en Colombia
Primera edición en Colombia, marzo de 2009

Todos los derechos reservados.
Esta publicación no puede ser
reproducida, ni en todo ni en parte,
ni registrada en o transmitida
por un sistema de recuperación
de información, en ninguna forma
ni por ningún medio, sea mecánico,
fotoquímico, electrónico, magnético,
electroóptico, por fotocopia,
o cualquier otro, sin el permiso previo
por escrito de la editorial.

Contenido

Presentación

Primera parte

El punto de partida: ¿qué respuestas tenemos para las preguntas de los hijos y dónde buscarlas? 17

1. La pregunta inicial: ¿dónde y cómo encontrar respuesta para las preguntas de los hijos? 19

2. Una pregunta fundamental: ¿qué es creer y en qué hay que creer? 29

3. Otra pregunta: ¿qué son las religiones y de qué están hechas? 47

4. Una pregunta más: ¿cuál es el origen del cristianismo? 59

5. La última pregunta: ¿cómo llegó el cristianismo hasta nosotros? 69

Segunda parte

Las preguntas de los hijos y los nietos 99

1. Preguntas de los más chiquitos 101

2. Preguntas de los hijos cuando se
preparan para la primera comunión 113

3. Preguntas de adolescentes 135

Tercera parte:

Las preguntas de siempre 189

1. El mapa de las religiones del mundo 191

2. ¿Qué significa y qué implica ser cristiano
en la tradición católica? 215

3. La Biblia: una biblioteca en un solo libro 217

4. ¿Cómo conocer a Jesús y dónde encontrarlo? .. 225

5. ¿Un Dios, muchos dioses o ninguno? 231

6. ¿Por qué y para qué creer en la Iglesia? 243

7. ¿Y cuando se trata de celebrar
el matrimonio? 249

8. La moral cristiana sólo tiene un
mandamiento: el mandamiento del amor 269

9. Muchas y diversas formas de orar
en todas las religiones 273

10. El reino de Dios se realiza
en el aquí y en el ahora 277

Punto final 285

Presentación

Las preguntas que tocan temas religiosos nos ubican a los papás, en primer lugar, en el marco de la educación religiosa de los hijos, uno de los grandes retos que tenemos que enfrentar y una responsabilidad indelegable para la cual la vida, como para muchas otras responsabilidades, no nos prepara. Se trata de educar a los hijos en la fe y en el amor, pero, ¿cómo hacerlo? También sus preguntas pueden involucrarnos, aunque en lugar secundario, a los abuelos.

Posiblemente a los padres de familia, y a lo mejor también a los abuelos, puede interesarles saber qué responder y cómo responder. Y aunque algunos de ustedes no se muestren partidarios de una práctica religiosa o pretendan ignorar una dimensión trascendente en sus vidas, no pueden evitar las preguntas de los hijos — o, de pronto, las de los nietos—, como también, en algún momento, sus propias preguntas.

Es lo que pretende este libro: acompañarlos a buscar posibles respuestas, desde la fe cristiana y en la tradición católica, para las preguntas de los hijos, como también las de los nietos, al mismo tiempo que para los propios interrogantes de padres y abuelos.

Para escribir estas páginas, he tenido que acudir a mi formación de teóloga y, sobre todo, a mi experiencia como profesora de religión. Desde este oficio, he acompañado a jóvenes en edad escolar a descubrir a Dios en sus vidas y a vivir su fe en esta etapa de la vida. También he compartido con jóvenes universitarios sus preguntas acerca de Dios, sus intereses, inquietudes e interrogantes relacionados con el sentido de la vida, los cuestionamientos a la religión de sus mayores, sus dudas y, algunas veces, su rechazo, pero también su fe. Y este oficio me ha permitido, asimismo, orientar grupos de padres de familia en la educación de sus hijos en la fe, particularmente en su preparación para la primera comunión y la primera reconciliación, respondiendo a sus preocupaciones y sus dudas, y, al mismo tiempo, recibiendo, de ellos, valiosos aportes.

También soy mamá, y a muchas preguntas he tenido que enfrentarme, como también a muchas de sus críticas a las prácticas religiosas, a las normas establecidas, a la institución eclesial. Ahora soy abuela, y los nietos siguen preguntando: unas veces espontáneamente y otras porque sus papás me los remiten cuando no tienen a mano una respuesta o tienen que hacer una tarea: «Pregúntaselo a la abuela». Pero aunque tienen abuela teóloga, no siempre es fácil responderles, sobre todo a sus críticas, que casi siempre comparto porque no les falta razón y, a gritos, están pidiendo aclaraciones.

Comoquiera que no son las mismas las preguntas de los hijos cuando son chiquitos, cuando se preparan para la primera comunión, cuando se hacen adolescentes y cuando ya son adultos, tampoco las respuestas pueden ser las mismas, pues tienen que adaptarse a las circunstancias, particularmente a sus intereses.

Por eso las preguntas y sus correspondientes respuestas las he agrupado según distintos momentos de la vida familiar, desde las preguntas de los más chiquitos hasta las de los adultos, pero también las que nos hacemos los papás desde antes de llamarlos a la vida y nos seguimos haciendo en diversas circunstancias. Y esta constatación estructura temáticamente el libro.

Así, el libro se organiza en tres partes: una pregunta que sirve como punto de partida, una parte correspondiente a las preguntas que hacen hijos e hijas en diferentes momentos, y una parte que intenta responder a preguntas que, a lo mejor, también se plantean padres y abuelos. Las dos últimas partes, que pretenden acompañarlos a descubrir y a vivir la experiencia de la fe, se ordenan, a su vez, en diez núcleos que explicitan, para cada momento, el contenido de la tradición católica e incluyen referencias a otras confesiones religiosas: en primer lugar, se presenta una referencia a las religiones y luego se aborda el tema de la fe, para continuar, seguidamente, con la Biblia, la persona de Jesús, Dios, la Iglesia, las celebraciones de la fe, la moral, la oración y la vida eterna.

El libro se puede leer de corrido o se puede buscar un tema concreto. Pero también se puede leer transversalmente, recorriendo un mismo tema —las religiones, por ejemplo— en los distintos capítulos correspondientes a diversos tipos de preguntas y respuestas.

Lo cual plantea la estructura temática, que es la siguiente:

- La pregunta que sirve como punto de partida es: ¿qué respuestas tenemos para las preguntas de los hijos y dónde buscarlas? Para dar respuesta a esta pregunta, surgen nuevas preguntas: ¿dónde y cómo encontrar respuesta para las preguntas de los hijos?, ¿qué es creer y en qué hay que creer?, ¿cuál es el origen del cristianismo? y ¿cómo llegó el cristianismo hasta nosotros?

- La segunda parte consta de tres capítulos: las preguntas de los más chiquitos, las preguntas de los hijos cuando se preparan para la primera comunión y las preguntas de los adolescentes. Los más chiquitos preguntan ¿por qué los vecinos van a rezar en otras Iglesias? y ¿por qué vamos a la iglesia? Preguntas que se hacen los papás en relación con sus chiquitines alrededor de la misa y acerca de cuándo empieza su educación en la fe y el amor. También trata de la fe como confiar, del libro de la Biblia y sus historias, del primer encuentro con Jesús, de Dios, de las primeras oraciones y de las preguntas frente a la muerte. Las preguntas de los hijos que se preparan para la primera comunión giran alrededor de la experiencia de la amistad: la fe como amistad con Jesús, la historia de la amistad de Dios con la humanidad que narra la Biblia, el amigo Jesús y la enseñanza de Jesús a sus amigos: que Dios es Padre, cómo amar, cómo orar y cuál es el premio en la otra vida para los amigos de Jesús que saben amar y ser solidarios. También se aborda el tema de la Iglesia como el grupo de los amigos de Jesús y la celebración de la eucaristía como la fiesta de los amigos de Jesús. Y esta parte sólo plantea una pregunta: ¿por qué somos católicos en nuestra familia? Luego se plantean las preguntas de adolescentes, que al mismo tiempo son cuestionamientos: ¿hay religiones que son mejores que otras?, ¿por qué me bautizaron?, ¿todo lo que dice la Biblia es verdad?, ¿quién es Jesús a quien llaman el Cristo?, ¿dónde está Dios que no lo veo? y ¿cómo creer en un Dios que permite el mal?, ¿para qué sirve rezar?, ¿qué pasa después de la muerte? También en esta parte se incluyen dos cuestionamientos en relación con la Iglesia en la que dicen que no creen o que no están de acuerdo con su enseñanza, y un rechazo claro a la misa dominical, práctica contra la cual se rebelan.

- La tercera parte se ocupa de temas que siempre se repiten en relación con las religiones, la fe cristiana, la Biblia, Jesús, Dios, la Iglesia, la misa, la moral, la oración y el reino de Dios.

Y un par de consideraciones finales.

Al dar una última lectura a este elenco de cuarenta temas diferentes, más los de la parte introductoria, tuve que constatar su diversa extensión: algunos se reducen a muy pocos párrafos que son suficientes para responder al correspondiente interrogante —especialmente en el caso de los más chiquitos— mientras otros ocupan varias páginas. Lo cual no quiere decir que los más largos sean más importantes, simplemente, fue así como salieron.

La otra aclaración es que a las teólogas nos preocupa el lenguaje inclusivo que resulta excluyente. Al decir «los niños» o «los hijos» sentimos que se excluye a «las niñas» o a «las hijas», por lo cual convendría acudir a los dos géneros, masculino y femenino, para referirnos a hombres y mujeres. Pero al hacerlo, el texto resulta pesado y con muchas repeticiones. Por eso, entonces, en este libro se mantiene la tradicional práctica de incluir a «las niñas» o a «las hijas» en el masculino «los niños» y «los hijos».

Primera parte

El punto de partida: ¿qué respuestas tenemos para las preguntas de los hijos y dónde buscarlas?

Para muchas de las preguntas que los hijos hacen, pero también para las preguntas de los nietos, padres y abuelos no tenemos una respuesta inmediata.

Unas son preguntas que tienen que ver con el funcionamiento de máquinas u organismos vivientes y cuyas respuestas ignoramos. Otras son preguntas que preferimos no plantearnos y, por eso, no tenemos la respuesta inmediata: son preguntas inquietantes acerca de todos los «porqués» y «paraqués». También hacen preguntas comprometedoras cuya respuesta implica tomar una posición o hacen preguntas incómodas porque sacuden las propias creencias.

Y las preguntas que tocan temas religiosos son, casi siempre, inquietantes, comprometedoras e incómodas.

Son preguntas ingenuas de los más chiquitos.

Son las preguntas de los niños cuando se están preparando para la primera comunión.

Son preguntas de los adolescentes, que suelen ser las más difíciles, porque están cargadas de agresividad y, la mayoría de las veces, tienen razón.

Son preguntas que también nos hacemos los papás en diversos momentos y diversas circunstancias, preguntas que los abuelos podemos igualmente hacernos, porque la edad no nos exime de seguir buscando respuestas a nuestras inquietudes.

Frente a las preguntas que tocan temas religiosos, a algunos, probablemente, les da miedo meterse en un campo que creen desconocer y sobre el cual tienen cantidades de dudas. Otros, a lo mejor, piensan que son los profesores de religión los encargados de dar esa «instrucción». Y no faltan los que tienen más de un trauma de su propia educación religiosa o tienen razones para rechazar los asuntos de la religión, muchos a quienes las tradicionales explicaciones no los convencen y un montón para quienes estos temas carecen de interés.

Para empezar y fundamentar las respuestas para los hijos, pero también las respuestas a las propias preguntas, se plantean a continuación cinco preguntas con sus posibles respuestas:

- ¿Dónde y cómo encontrar las respuestas?

- ¿Qué es creer y en qué hay que creer?, es decir ¿qué es fe?

- ¿Qué son las religiones y de qué están hechas?

- ¿Cuál es el origen del cristianismo? o ¿cuál es el entorno en el que nace la tradición judeocristiana?, ¿cuál es el mundo del antiguo y del nuevo testamento?

- ¿Cómo llegó el cristianismo hasta nosotros?, o, lo que es lo mismo, ¿por qué la religión de España y de América Latina es, para una gran mayoría de sus habitantes, la católica?

1. La pregunta inicial: ¿dónde y cómo encontrar respuesta para las preguntas de los hijos?

Para responder a las preguntas que tocan temas religiosos y que los hijos plantean, no sirven los catecismos tradicionales. Entonces, ¿dónde buscarlas y cómo buscarlas?

Una posible forma de hacerlo es, de la mano de los hijos —o de los nietos—, conocer otras religiones, plantearse el tema de la fe, buscar respuestas en la Biblia, encontrar a Jesús, identificar las huellas del amor de Dios, descubrir qué es la Iglesia, orar, celebrar la fe y el amor, vivir la fe y el amor, esperar.

Pero, sobre todo, buscar honestamente respuestas a sus preguntas. Y hacerlo con ellos.

Conocer otras religiones con los hijos

Aclara y complementa la búsqueda de Dios, el conocer dónde descubren la presencia de Dios y cómo expresan su experiencia de Dios los seguidores de otras religiones, identificando lo que tienen en común y lo que caracteriza a cada una de ellas.

La propuesta, aquí, es conocer otras religiones con los hijos, y aclarar que no es que una religión sea verdadera y las demás no, sino que las religiones son caminos diversos a través de los cuales se descubre la presencia de la trascendencia y que la pertenencia a una u otra religión depende, la mayoría de las veces, de circunstancias culturales e históricas en que hemos nacido y no de una decisión personal tomada en ejercicio de nuestra libertad.

Porque la religión, como la familia y la lengua, no se escoge. Sencillamente, se nace en una familia, en una lengua, en una religión. Lo cual no impide que, en muchas ocasiones, las personas puedan encontrar una religión o una forma de práctica religiosa que ofrezca más alicientes o ventajas que aquella en la que nacieron.

Las religiones se abordan en las distintas partes del libro de la siguiente manera:

- Desde muy chiquitos, los niños se dan cuenta de que hay diversas religiones, como también se dan cuenta de que hay diferentes idiomas y diferentes culturas, porque, seguramente, ven que los vecinos rezan de una manera distinta a como lo ven en su casa o van a lugares a los que no va su familia.

- Más grandecitos, se preguntan por qué no todos sus compañeros de colegio o sus vecinos pertenecen a la misma religión y por qué su familia es católica.

- Los adolescentes se pueden preguntar ¿cuál es la religión verdadera? o ¿hay religiones que son mejores que otras?

- Y siempre y en cualquier época puede resultar interesante conocer el mapa de las religiones del mundo.

Creer con los hijos

El tema de la fe resulta neurálgico a la hora de intentar respuestas a las preguntas de los hijos alrededor de la religión.

Pero no solamente cuando se trata de asuntos religiosos. Los papás transmitimos a nuestros hijos nuestros sistemas de creencias: los valores que rigen nuestro comportamiento, las actitudes que asumimos y que sustentan la forma de relacionarnos con el mundo en el que vivimos y con las personas con las que convivimos.

Y nuestros hijos aprenden de nuestro ejemplo.

Ahora bien, la fe religiosa no se refiere únicamente a unas doctrinas en las que hay que creer y a unas prácticas que hay que cumplir. La fe cristiana, que consiste en aceptar el amor de Dios que Jesús nos ofrece, se traduce en un estilo de vida, particularmente en la forma de relacionarnos con Dios y con las demás personas: respeto, servicio, solidaridad, justicia, tolerancia, que es lo que nuestros hijos pueden aprender de nosotros.

En este libro, el tema de la fe se plantea así en cada una de las partes:

- Para los más chiquitines, cómo aprender a confiar o desconfiar.

- Cuando se preparan para la primera comunión, la fe se interpreta como amistad con Jesús.

- Con los adolescentes, se trata el porqué de su bautismo.

- Y siempre es conveniente saber qué implica y significa ser cristianos en la tradición católica.

Leer la Biblia con los ojos de los hijos

Una buena estrategia para responder a sus preguntas es leer la Biblia con los ojos de los hijos, acompañando su búsqueda y, al mismo tiempo, atentos a sus descubrimientos, sus inquietudes y sus conclusiones.

A lo largo de las distintas partes de este libro aparece la Biblia según las circunstancias propias de cada momento:

- Con los más chiquitos, probablemente bastará identificar el libro de la Biblia y leer alguna historia.

- Con los niños que se preparan para la primera comunión y que, posiblemente, están familiarizándose con las historias de la Biblia, puede ser conveniente identificar la historia de la amistad de Dios con la humanidad que es la trama de los libros de la Biblia.

- Con los adolescentes puede ser interesante conocer los libros de la Biblia, recordar cuándo y quiénes los escribieron, cómo y para qué.

- Y para las propias preguntas y las preguntas de los hijos mayores, sobre todo para responder a la pregunta acerca de si todo lo que dice la Biblia es verdad, se compara el lenguaje religioso con el lenguaje científico o el lenguaje conceptual como formas diversas de interpretar y expresar la misma verdad.

Encontrar a Jesús de la mano de los hijos

En diversas ocasiones de la vida familiar surge la pregunta: ¿quién es Jesús, a quien llaman el Cristo? Una forma de responderla es ir al encuentro de Jesús de la mano de los hijos para conocer las circunstancias históricas en que Jesús vivió, recorrer con los protagonistas de los evangelios el mundo en que vivieron, escuchar el mensaje de Jesús y compartir la fe de sus seguidores; para identificar, de esta manera, quién es Jesús y por qué es llamado el Cristo y reconocido como Hijo de Dios.

En el desarrollo de cada una de las partes del libro se pretende encontrar a Jesús de la mano de los hijos:

- La ocasión del primer encuentro suele ser la celebración de la Navidad y de la Semana Santa.

- Una nueva ocasión puede presentarse cuando se preparan para la primera comunión.

- Nuevamente, cuando son adolescentes y, a lo mejor, se plantean si se van a preparar para celebrar la confirmación.

- Y cuando se trata de responder a las propias preguntas, ayuda recorrer las páginas del evangelio para identificar las experiencias que vivieron los contemporáneos de Jesús en el encuentro con él.

Buscar a Dios con los hijos

Las preguntas acerca de Dios están en los labios de niños y adolescentes, pero también son las preguntas de los papás y, a lo mejor, de los abuelos que, como muchos hombres y mujeres, desde el fondo del corazón, anhelamos sentir su cercanía.

Una posibilidad de responder a estas preguntas es buscar a Dios con ellos. No con pruebas de su existencia que no convencen, como son los llamados deísmos, ni acudiendo a imágenes falsas que, con tanta frecuencia, confunden y nos alejan de su amor. Se trata de darnos cuenta, con los protagonistas de la Biblia, particularmente con Jesús, que Dios camina con nosotros y que no hay que ir muy lejos para encontrar al Dios de amor que, para los creyentes cristianos y católicos, se revela en Jesús, pero también en el mundo que nos rodea y en los acontecimientos de todos los días.

Ahora bien, con mucha frecuencia, no vemos a Dios ni podemos oírlo porque los ruidos del mundo no dejan descubrir su presencia y su mensaje. Otras veces, porque nos han presentado una imagen lejana o deformada de Dios. O porque tropezamos con una Iglesia que no atrae para vivir, en ella, la experiencia del amor de Dios que nos muestra Jesús.

En el libro, la búsqueda de Dios se intenta desde los siguientes temas:

- Las preguntas comprometedoras de los más chiquitines.

- El descubrimiento de Dios como Padre con ocasión de la preparación para la primera comunión.

- Las preguntas agresivas de los adolescentes.

- Las diversas imágenes de Dios para las preguntas que siempre se repiten.

Ser y hacer la Iglesia con los hijos

Para responder a las preguntas de los hijos y también las de los nietos, uno de los capítulos más importantes y también más complicados es descubrir con ellos qué es la Iglesia: la Iglesia católica, a la que pertenecemos la mayoría de los habitantes de España y de América Latina, y en la que tanta gente, por diversas razones, no cree.

Las partes del libro se ocupan del tema de la Iglesia desde las siguientes perspectivas:

- Para los más chiquitos, probablemente no es más que un lugar donde la gente se reúne para rezar.

- Para los que se preparan para la primera comunión, es el grupo de los amigos de Jesús.

- Para los adolescentes, habrá que enfrentar su rechazo.

- Para responder a las preguntas de los adultos puede ser interesante aclarar las concepciones que muchas veces se tienen de la Iglesia o la imagen que otras tantas ofrece.

Celebrar y vivir con los hijos la fe y el amor

Posiblemente uno de los recursos más efectivos para responder a las preguntas acerca de las celebraciones de la Iglesia, particularmente la misa dominical que tanto cuestiona, es celebrar y vivir con los hijos la fe y el amor. Es decir, los sacramentos de la Iglesia.

En el lenguaje común se acostumbra hablar de «recibir» los sacramentos que los sacerdotes «administran» y, en el caso del sacramento de la eucaristía, «oír» la misa que «dice» o que celebra el padre, con lo cual dividimos la Iglesia en unos que asumen un papel pasivo y otros que ejercen un papel activo y protagónico.

Ahora bien, en el lenguaje de la teología, se habla actualmente de celebrar y vivir los sacramentos porque se quiere hacer énfasis en la relación entre la vida y la celebración: la vida se hace celebración y la celebración se hace vida, pues sin esta relación la eucaristía o cualquiera de los sacramentos no pasan de ser ritos vacíos.

Por eso se habla de celebrar y vivir la vida en el sacramento del bautismo, celebrar y vivir el amor solidario en el sacramento de la eucaristía, celebrar y vivir el perdón en el sacramento de la reconciliación, celebrar y vivir el compromiso cristiano en el sacramento de la confirmación, celebrar y vivir el amor de pareja en el sacramento del matrimonio. También celebrar y vivir el sentido de la enfermedad en el sacramento de la unción de los enfermos, y celebrar y vivir la decisión de servir en la comunidad eclesial en el sacramento del orden. Son los siete sacramentos de la Iglesia: siete signos a través de los cuales Dios nos comunica su amor en las diversas circunstancias de la vida.

Los sacramentos tienen su lugar en la segunda y tercera parte del libro:

- En la segunda parte, en el capítulo de los chiquitines, la pregunta es de los papás: ¿ir a misa con ellos?; cuando se preparan para la primera comunión, el tema central es la celebración de la eucaristía y la reconciliación; en el capítulo de los adolescentes, se hace referencia al bautismo, a la confirmación y, una vez más, a la eucaristía.

• En la tercera parte, el sacramento del matrimonio responde a preguntas que nos planteamos los adultos.

Vivir con los hijos la fe y el amor

El tema es la moral. O, propiamente, la educación moral, un asunto que ciertamente preocupa a los papás pero que, a lo mejor, preferimos evitar.

No obstante, no me cabe la menor duda de que todos los papás y mamás quieren —queremos— lo mejor para los hijos, y que nos preocupa que se porten bien, que no sufran y, no importa cuál sea su edad, fervientemente deseamos y se lo pedimos a Dios que puedan ser felices, que alcancen sus metas, que triunfen en la vida.

Tratamos de educarlos para que puedan realizar su proyecto de vida, para que sean «amables», es decir, que sepan querer y hacerse querer, para que sean capaces de enfrentar la frustración y el fracaso, para ocupar un lugar en el mundo y en la sociedad como personas útiles.

Y esto es la educación moral. O educar a los hijos en la fe y el amor.

En la fe que es creer en sí mismo, en las demás personas y, obviamente, en Dios y en su amor.

En el amor que comienza en el amor de sí mismo y se abre hacia el amor por las demás personas y al amor de Dios.

Orar con los hijos

Y también es importante rezar con los hijos, aprender con ellos a hablar con Dios desde la alegría y desde el dolor, desde la fe y desde la incredulidad, desde la esperanza y desde la desesperanza, desde el amor y desde el desamor.

Podemos, con ellos, rezar antes de ir a la cama, al comenzar el día, a la hora de comer en familia, como lo hacen en países de tradición protestante, y adquirir, con ellos, esta costumbre.

Las oraciones brotan del corazón cuando necesitamos a Dios y también cuando nos sentimos autosuficientes, cuando la vida nos sonríe y cuando estamos «en la olla». Las oraciones suben al cielo para agradecer a Dios y pedirle perdón, otras como oraciones de alabanza y como oraciones de petición.

Pero también los papás y los abuelos podemos enseñarles oraciones que los creyentes han repetido desde tiempos inmemoriales: oraciones que aprendimos de niños; oraciones de la Biblia, como los salmos y la oración que nos enseñó Jesús para dirigirnos al Padre Dios; también las oraciones con las que la Iglesia proclama y celebra la fe; y no sobra conocer la forma de rezar de quienes pertenecen a otras confesiones religiosas.

Todas estas oraciones se distribuyen en diversos lugares del libro:

- Las primeras oraciones, en el capítulo de los más chiquitines.

- La forma de orar que Jesús enseñó a sus amigos, en el capítulo correspondiente a la preparación para la primera comunión.

- Las dudas acerca de la utilidad de la oración y posibles respuestas, en el capítulo de los adolescentes.

- Diversas formas de orar, propias de diversas confesiones religiosas, en la última parte, en la de las preguntas que siempre se repiten.

Esperar con los hijos en la vida que no tiene fin

Las preguntas en relación con la otra vida o qué pasa después de la muerte son, sin duda alguna, las más difíciles de responder. Y la verdad es que no tenemos una respuesta contundente. Creemos y esperamos que la vida no termine con la muerte sino que se prolongue en el «más allá» y en continuidad con lo que hicimos o dejamos de hacer en el «más acá».

Esta creencia y esta esperanza es compartida por todas las confesiones religiosas de todos los tiempos.

Prueba de ello son, por ejemplo, los ritos funerarios que evidencian los hallazgos arqueológicos de la más remota antigüedad o las prácticas y costumbres con las que, en el mundo actual, se sigue celebrando religiosamente la muerte y celebrándola en la esperanza.

El tema de la muerte y de la vida eterna se plantea en el libro con el siguiente enfoque:

- En el capítulo de los más chiquitos, la respuesta de una de mis nietas a las preguntas frente a la muerte.

- En el capítulo de los que se preparan para la primera comunión, el premio en la otra vida para los amigos de Jesús.

- En el capítulo de los adolescentes se pretende responder a su pregunta: ¿después de esta vida qué hay?

- Y en la última parte se aborda el tema del reino de Dios, que comienza en el aquí y en el ahora y que creemos y esperamos se continúe en la eternidad.

2. Una pregunta fundamental: ¿qué es creer y en qué hay que creer?

Una pregunta que es preciso plantearse es ¿qué es creer y en qué hay que creer? Para responderla, es necesario aclarar el concepto de fe, como una actitud y no sólo como «creer lo que no vemos porque Dios lo ha revelado», como decía el Catecismo del Padre Astete en el que durante quinientos años los creyentes de la América española recibimos la «instrucción religiosa».

Consecuencia de esta definición, probablemente, era la llamada «fe de carbonero» que consistía en aceptar a ciegas todas las verdades religiosas sin atrevernos a cuestionarlas. Una «fe ilustrada», en cambio, supone la posibilidad de dar razón de que aquello en lo que creemos implica interrogantes y dudas.

Para responder a la pregunta ¿qué es creer?, a continuación se aborda el tema de la fe desde los siguientes aspectos:

- La fe como experiencia.

- La fe como experiencia religiosa.

- La fe como experiencia cristiana.

- Obstáculos para vivir la experiencia de la fe.

- La fe como encuentro y como respuesta a la revelación de Dios.

- El camino de la fe.

- Y una aclaración final: creer es confiar y, por eso, creemos en la vida, en nosotros mismos, en los demás, en el amor y, por supuesto, en Dios.

La fe como experiencia

Al considerar la fe como experiencia, conviene precisar que por experiencia se entiende una forma de relación con el mundo y con las demás personas, una manera de conocer la realidad. De «aprehender» y comprender la realidad en que vivimos, las personas con quienes convivimos.

Y este modo de relación, y al mismo tiempo de conocer, abarca y compromete a la persona toda, no sólo una parcela del ser, pues implica aprehender el mundo en que vivimos y las personas con las que convivimos a partir de lo que significan y representan.

Desde esta perspectiva, se puede hablar de conocimiento experiencial porque la experiencia es fuente de conocimiento, si bien el modo de adquirir el conocimiento es diferente del proceso intelectivo.

El conocimiento experiencial no se logra por medio de la lógica racional que privilegia el conocimiento intelectual, ni por un principio de autoridad o tradición, sino por la propia aceptación de la impresión vivida que se integra en la experiencia. Se distingue, además, del conocimiento intelectual o racional por cuanto el conocimiento experiencial se vincula con el corazón y el sentimiento, mientras el conocimiento intelectual se relaciona con la razón.

Por este motivo, se podría pensar que el conocimiento experiencial no es racional pues depende de impulsos emotivos, a diferencia del conocimiento racional, que sí está vinculado a la lógica racional. Pero, muchas veces, al suponer que carece de valor cognoscitivo se considera que no es conocimiento real, mientras el conocimiento intelectual se considera, en cambio, que sí afirma verdades objetivas y verificables con los criterios de la ciencia.

Ahora bien, en el mundo occidental, que privilegia lo intelectual y racional sobre cualquier otra dimensión de la realidad humana, y desde el pragmatismo de la sociedad moderna, obsesionada por el experimento, la comprobación, la eficacia y los resultados palpables, el conocimiento experiencial resulta minusvalorado. Además, se suele creer que lo principal son aquellos aspectos de la naturaleza y de la sociedad que pueden ser estudiados, conocidos, medidos y descritos por las ciencias —las ciencias naturales y las ciencias sociales—, en la convicción de que poseyendo tales conocimientos llegamos a conocer la verdad, entendida como validez objetiva de lo expresado.

Por eso sabemos cada día más sobre la naturaleza y sobre la historia pero en la misma medida hemos perdido contacto con el significado y el sentido de lo que existe. Lo más grave es que hemos perdido la capacidad de asombro y quien no se asombra no ha llegado a percibir lo admirable, lo extraordinario, lo portentoso.

Este ha sido, muchas veces, el horizonte en el que la fe, desde cualquier tradición religiosa, ha tenido que chocar con la ciencia, para la cual sólo es verdad aquello que se puede mostrar y demostrar. Y con el mundo actual, para el que sólo tiene valor lo que tiene utilidad práctica. Con lo cual la religión se ha visto, tantas veces, desprestigiada y la fe relegada al departamento de antigüedades.

La experiencia también es racional y ofrece un contenido cognoscitivo que pertenece a un orden distinto del de la razón: tiene que ver con el sentido, posibilita un más pleno conocimiento del mundo que nos rodea, contiene una realidad, significa algo, afirma una verdad que, ciertamente, no es demostrable con los criterios de las ciencias. Como es la experiencia del amor. Como es la experiencia religiosa.

¿Por qué, entonces, perder una dimensión que constituye el punto de partida de la experiencia religiosa?

La fe como experiencia religiosa

Los fenomenólogos de la religión llamaron la atención acerca del «sentimiento» religioso que posiblemente la tradición católica no había atendido, por andar más preocupada en el «pensamiento» religioso y en la exposición de sus «doctrinas». Gracias a este nuevo enfoque se tiene hoy conciencia de que la religión —toda religión— no existe en el nivel de los conceptos ni de la práctica ética si no se da una interiorización personal. Es decir, una experiencia religiosa.

Ahora bien, la experiencia religiosa, en cuanto experiencia de la trascendencia que la religión permite interpretar y expresar, tiene unas características:

- Es personal y al mismo tiempo comunitaria porque el encuentro con la trascendencia, que es personal, se vive en comunidad.

- Es histórica porque se vive en unas circunstancias concretas de la historia.

- Es experiencia de salvación porque el encuentro con la trascendencia transforma y libera.

- Es profundamente humana, al hacer posible el descubrimiento del sentido más hondo de las realidades humanas.

Una precisión más con respecto a la experiencia religiosa: por tratarse de una experiencia histórica, las circunstancias culturales en las que se vive el encuentro con la trascendencia marcan definitivamente el tipo de experiencia, su interpretación y formas de expresión, por lo cual la experiencia del campesino no es la misma del individuo de la sociedad industrial, ni es la misma la de la Edad Media que la del siglo XXI, como tampoco es la misma la del cristianismo europeo que la del cristianismo latinoamericano.

Entre las diversas formas de experiencia religiosa que existen y han existido, las siguientes podrían considerarse como las más representativas y las que es posible identificar en el momento actual:

- Se puede experimentar la presencia de la trascendencia en el encuentro con la naturaleza y en la contemplación de sus maravillas al descubrir la manifestación de lo divino. También en el encuentro con las cosas y las personas que hacen presente a la divinidad —que son hierofanías— se da el encuentro con la trascendencia. Esta es la experiencia propia del mundo sacral de las sociedades rurales.

- Se puede descubrir y sentir la presencia de la trascendencia en un mundo secularizado, a partir de la experiencia profunda de la propia realidad en toda su densidad humana personal y social, desde donde surgen las preguntas por el sentido de la vida y de la historia como preguntas vitales a las que hay que dar respuestas profundas, es decir, respuestas trascendentales. Es la experiencia propia del mundo secularizado de las sociedades urbanas desarrolladas.

- Una tercera modalidad de experiencia de encuentro con la trascendencia ocurre en el encuentro con el otro y con los otros, particularmente como experiencia y compromiso de solidaridad. Es una forma de experiencia que parece responder a las circunstancias del momento actual.

La fe como experiencia cristiana

Así como la experiencia religiosa necesita un sistema de significación para poder interpretar y expresar dicha experiencia, también la experiencia cristiana de Dios necesita un sistema de significación que es la experiencia vivida por la Iglesia a lo largo de su historia como prolongación de la experiencia que Jesús vivió e hizo posible que otros vivieran.

Estos dos parámetros, vivida en la Iglesia y al estilo de Jesús, hacen posible la interpretación y expresión de la experiencia cristiana de Dios, constituyen sus dos características principales y la distinguen de otras experiencias de la trascendencia, cada una de las cuales tiene su propio sistema de significación, es decir, corresponde a una religión.

En este orden de ideas, algunas características de la experiencia cristiana de Dios son las siguientes:

- La experiencia cristiana de Dios es personal y no se puede tomar prestada; y, porque es personal, involucra a toda la persona, toca al núcleo más interno del propio yo, a la conciencia, y se irradia a todos los rincones de la vida.

- La experiencia cristiana de Dios, como toda experiencia religiosa, no es individual sino comunitaria, compartida por muchos: pasa por la comunidad, se vive en la comunidad, se proyecta a la comunidad.

- La experiencia cristiana de Dios es experiencia histórica porque se vive en circunstancias históricas concretas y a ellas responde. Porque es histórica, hombres y mujeres, desde circunstancias históricas concretas, descubren la presencia de Dios, la interpretan y expresan su experiencia con las mediaciones que el momento histórico les brinda. Y es histórica, además, porque cada experiencia está relacionada con otras experiencias vividas en sus correspondientes circunstancias históricas.

• La experiencia cristiana de Dios se vive al estilo de Jesús, que revela cómo es el amor de Dios y con su vida muestra cómo, al abrirse a la experiencia de Dios, es posible experimentar en profundidad la realidad humana y darle sentido trascendente.

• La experiencia cristiana de Dios es experiencia de salvación porque transforma a las personas y las relaciones entre ellas, por lo cual, aunque la experiencia no es objeto de demostración, sí se evidencia en unos signos, de los cuales el más representativo es que todo individuo o comunidad, al experimentar a Dios en su vida, da testimonio de la experiencia vivida aun sin proponérselo.

• La experiencia cristiana de Dios pasa por la Iglesia, como comunidad de bautizados y bautizadas que prolonga en la historia la acción realizada por Jesús, comunidad en la que se hace verdad la unión de las personas entre sí y con Dios y gracias a la cual llega a la humanidad de todos los siglos la buena noticia de la salvación.

• La experiencia cristiana de Dios como Padre es, al mismo tiempo, experiencia de fraternidad vivida en la Iglesia al estilo de Cristo. Por eso se traduce en un estilo de vida caracterizado por la solidaridad, el servicio, la tolerancia, la comprensión y el respeto, pero también en compromiso político para hacer realidad la justicia y la libertad.

En otras épocas, quizás, se entendió la fe como un asunto privado, desde una comprensión individualista y ahistórica de la salvación que propiciaba un espiritualismo utilitarista según el cual la religión «servía» para conseguir la salvación en la otra vida, lo que, a su vez, dio lugar a inmovilismo y pasividad en espera de una recompensa futura, tal vez, porque la fe había dejado de alimentarse en la primera experiencia cristiana que es la experiencia de Jesús y sus discípulos.

Pero en épocas más recientes, al volver los ojos hacia los orígenes de la fe, se encontró que la experiencia cristiana es experiencia de fraternidad y, al mismo tiempo, de solidaridad vivida al estilo de Jesús que anunció e hizo presente con su vida cómo vivir la fraternidad y la solidaridad.

Por eso la experiencia cristiana de Dios es experiencia vivida en la Iglesia como la de los primeros discípulos: en el encuentro con Jesús, sus vidas cambiaron y dieron testimonio de amor solidario.

- Vivir la experiencia de Dios al estilo de Jesús es descubrir que Dios es Padre y reconocer a los hombres y las mujeres como hermanos y hermanas; por eso la experiencia cristiana es y tiene que ser experiencia de fraternidad con todas sus implicaciones y todas sus consecuencias de orden práctico.

- Vivir la experiencia de Dios en la Iglesia es descubrir que el otro, llámese prójimo o hermano, es lugar de encuentro con Dios y reconocer que el amor de Dios pasa por el amor al hermano; por eso la experiencia cristiana es y tiene que ser experiencia de solidaridad que se manifiesta en acciones concretas de servicio y colaboración.

- Vivir la experiencia de Dios al estilo de Jesús y en la Iglesia es aceptar la irrupción del amor de Dios en la vida y en la historia para transformarlas; por eso la experiencia cristiana es y tiene que ser experiencia de salvación de toda la persona y de todas las personas, salvación que acontece en el aquí y en el ahora y se prolonga hacia la vida que no termina.

Obstáculos que dificultan la experiencia de la fe

Ahora bien, una serie de obstáculos pueden hacer difícil e incluso imposible vivir la experiencia de Dios que Jesús revela y que es la experiencia cristiana de Dios.

- El primer obstáculo es que la experiencia de Dios se puede confundir con la práctica religiosa, incluso con prácticas alienantes. Pero la diferencia entre la experiencia cristiana de Dios y las prácticas religiosas alienantes, incluso dentro de las prácticas de la tradición católica, es que la experiencia cristiana de Dios pone a la persona de cara a su propia existencia y la libera de todo lo que le impide realizar plenamente su propia humanidad y la de las demás personas.

- Un segundo obstáculo es que la distinción entre espacios, tiempos, personas y cosas que son sagrados y espacios, tiempos, personas y cosas que son profanos, impide encontrar a Dios en la vida de todos los días. Ahora bien, en la experiencia cristiana, no hay ámbitos profanos donde no hay lugar para Dios y ámbitos sagrados en los cuales se le recluye, como de hecho suele ocurrir en nuestras prácticas religiosas, pues Dios es una presencia continua que se manifiesta en todas las circunstancias de la vida de las personas y de la sociedad y no sólo en unos momentos o lugares determinados.

- El tercer obstáculo es creer que a Dios hay que buscarlo en el más allá. En la experiencia cristiana, a Dios se le encuentra en medio de la vida de todos los días y su presencia se descubre en las personas y en la historia de la humanidad, especialmente en el pobre y en el necesitado, que es lugar de encuentro con Dios y de experiencia de Dios.

- El cuarto obstáculo es la manera tradicional de hablar de Dios, sustentada por una filosofía metafísica y conceptualista. Lamentablemente, por esta razón, Dios quedó reducido a un concepto por el cual se podría sentir curiosidad y atracción, pero que no toca la vida, con lo cual se bloquea la posibilidad de abrirse al encuentro con su amor. Por eso, para muchas personas, Dios es una palabra vacía de contenido que no encuentra lugar en su vida. Pero en la experiencia cristiana, Dios está esperando que vayamos a su encuentro. O mejor, que nos dejemos encontrar por su amor, porque es él quien toma la iniciativa.

- El quinto obstáculo que también dificulta el encuentro con Dios son las deformaciones religiosas marcadas por el individualismo, la pasividad y el conformismo, así como las prácticas que propician o permiten evadir el compromiso con la realidad histórica. La experiencia cristiana de Dios, por el contrario, provoca el cuestionamiento de las estructuras injustas y ofrece el testimonio de la solidaridad frente al individualismo, del cambio social frente a la legitimación del orden establecido, de la liberación frente a la opresión.

- Un último obstáculo para poder vivir la experiencia de Dios es la pretensión de querer demostrar su existencia con argumentos de razón. Ahora bien, la existencia de Dios no hace falta demostrarla porque la fe no es la aceptación de unas pruebas dirigidas a la inteligencia sino respuesta personal a un encuentro porque se ha descubierto su cercanía. Una vez más es preciso subrayar que la fe cristiana no encuentra su sentido en verdades de tipo conceptual porque es una experiencia que toca la vida de las personas y las transforma.

Y, finalmente, vale la pena anotar dos circunstancias que estarían en la base de los obstáculos señalados: una de ellas es que la instrucción religiosa, durante mucho tiempo, se consideró como transmisión de unos contenidos doctrinales que no repercutían en la vida; la otra es que el mundo moderno no favorece la sensibilidad necesaria para descubrir la presencia de Dios y su cercanía, probablemente porque lo importante es la eficacia y sólo interesa analizar, aprovechar y dominar el mundo, desatendiendo todo cuando cae fuera de este campo de interés, por lo cual, con mucha frecuencia, no hay lugar para despertar la memoria ni la fantasía ni la capacidad de asombro. Entonces, como no percibimos aspectos esenciales de la realidad, uno de los cuales es la dimensión religiosa de la existencia, no dialogamos con la realidad, ni nos preocupamos por descubrir su sentido. Además, Dios no tiene un espacio por donde asomarse a nuestras vidas.

La fe cristiana como encuentro

La fe se entiende actualmente como una relación —relación con Jesús y con el Padre Dios— que implica un encuentro: encuentro con Jesús y encuentro con el Padre Dios, como también encuentro con la comunidad de creyentes que es la Iglesia.

Este encuentro supone que Dios se comunica —se revela— y que nosotros aceptamos su revelación, y esta aceptación es lo que se llama propiamente la fe.

El encuentro —o los encuentros— ocurren a lo largo de la historia y en el camino de la vida, en diversos momentos y en diversas circunstancias.

Y porque la fe es experiencia de encuentro con Dios, también vale la pena caer en la cuenta de cómo es el encuentro interpersonal, en el cual nos manifestamos a otra persona, nos damos a conocer, revelamos una parte de nuestro propio misterio, a la vez que ocultamos otra.

De igual manera, para descubrir cómo se comunica Dios, es decir, cómo se revela, vale la pena caer en la cuenta de cómo comunicamos nuestros pensamientos, nuestras inquietudes, nuestros sentimientos, nuestras decisiones, en un palabra, lo que somos y permanece oculto para los otros, pero que podemos manifestarlo a través de unos signos que otros pueden percibir e interpretar: gestos, palabras, una sonrisa o unas lágrimas, el cuerpo que exterioriza la intimidad, los objetos a los cuales cargamos de significación, los hechos concretos que corroboran la intencionalidad de aquello que hemos querido decir

Ahora bien, la comunicación sólo se produce cuando el mensaje es captado y debidamente interpretado por el interlocutor; porque el mensaje lleva siempre una invitación a ser acogido. Y no sólo el mensaje sino la persona misma. Por eso cuando nos comunicamos, en el fondo lo que estamos diciendo es «aquí estoy».

El encuentro interpersonal no es solamente intercambio de opiniones sino un mutuo darse a conocer: es experiencia compartida que libera del aislamiento, de la soledad, del egoísmo. Es experiencia que compromete a prolongar y a profundizar el encuentro, a evidenciar las palabras con el testimonio de los hechos. Es experiencia que exige fidelidad. Además, el encuentro es progresivo. Por eso, toda amistad, toda relación personal, tiene una historia. Tiene una dinámica de continuo crecimiento —también de estancamiento o de retroceso— y tiene unas exigencias progresivas.

De manera análoga se da este mismo proceso de encuentro en la relación entre Dios y la humanidad, porque Dios le ha dicho a la humanidad y nos sigue diciendo que «está con nosotros», esperando que nos demos cuenta y aceptemos el amor que nos ofrece.

Y es que Dios se manifiesta a la humanidad a través de multitud de circunstancias, a través de las personas, a través de las maravillas de la naturaleza, a través de situaciones y acontecimientos. Se manifiesta él y manifiesta su amor. Pero este mensaje que todos podemos captar necesita una interpretación. Sólo entonces se puede descifrar lo que Dios quiere decirnos y entrar en diálogo con él.

Fue lo que supo hacer el pueblo de Israel del antiguo testamento, que tuvo una sensibilidad especial para descubrir la llamada de Dios y para aceptar el ofrecimiento de su amor y su compañía. Por eso el antiguo testamento, desde la primera palabra hasta la última, habla de esta invitación de Dios y de la respuesta, unas veces positiva y otras veces negativa. Y este diálogo es un progresivo darse a conocer de Dios. O mejor, un progresivo conocimiento que el pueblo de Israel iba teniendo de Dios.

Así, cuando el nuevo testamento reflexiona sobre la revelación plena de Dios en la persona de Jesús, dice:

> Muchas veces y de muchas maneras habló Dios en el pasado a nuestros padres por medio de los profetas; en estos últimos tiempos nos ha hablado por medio de su hijo (De la carta a los Hebreos 1,1-2).

«Habló Dios» equivale a decir revelarse, darse a conocer, dialogar, llamar. Las «muchas veces» y «muchas maneras» como Dios habló es lo que conforma la trama del antiguo y del nuevo testamento. Es la historia de una relación entre Dios y el pueblo de Israel, relación continuamente transformada por las diferentes situaciones en que acontece a lo largo de muchos siglos, relación progresiva, cada vez más profunda y exigente, que llega a su momento máximo en Jesús de Nazaret, la palabra de Dios y el signo más perfecto de la comunicación de Dios a la humanidad: en sus palabras, en sus acciones, en su vida toda, es Dios mismo quien se manifiesta. Por eso el evangelio de Juan dice que él es la palabra de Dios y los teólogos contemporáneos dicen que es el sacramento de Dios.

Después de su resurrección, Jesús continúa presente y se nos comunica por medio de la Iglesia que es presencia de Cristo resucitado —sacramento de Cristo— porque hace presente la acción salvadora de Cristo, que es unir a todas las personas entre sí y con Dios.

Y la relación de Dios con el pueblo de Israel del antiguo testamento y con la Iglesia —es decir, con quienes pertenecen al pueblo de Israel y a la Iglesia— es una relación liberadora e implica un mutuo compromiso: de parte de Dios el seguir salvando; de parte del pueblo de Israel, el cumplimiento de la Ley; de parte de la Iglesia, como comunidad de creyentes, el compromiso de vivir en el amor que Jesús predicó y que va más allá del cumplimiento de unas leyes. Este mutuo compromiso es lo que se conoce como la alianza. Por eso el Dios de judíos y cristianos es el Dios de la alianza.

El camino de la fe

Si entendemos que vivir es caminar —caminar por la historia, caminar con los otros—, también podemos entender, desde la dimensión religiosa y la tradición cristiana, que vivir es caminar en la fe y entender la vida como un camino que es posible recorrer con Jesús y con otras personas como Iglesia.

En este camino es posible descubrir el rostro de Jesús que sale a nuestro encuentro y nos conduce desde la incredulidad hasta la fe, desde el alejamiento de la comunidad hasta el encuentro con la comunidad, desde el «no amor» hasta el amor.

Así fue el encuentro de dos discípulos con Jesús resucitado en el camino de Emaús, una página del evangelio de Lucas que vale la pena leer una y otra vez, desde distintos horizontes y circunstancias:

> Aquel día, dos discípulos caminaban hacia un pueblo llamado Emaús, distante unos cuantos kilómetros de Jerusalén.

Iban hablando de Jesús y discutían sobre lo que había ocurrido, cuando Jesús se acercó y siguió caminando con ellos. Pero los discípulos no sabían que era él.

Jesús les dijo: «¿Qué les pasa? ¿De qué van hablando?».

Uno de los discípulos, que se llamaba Cleofás, le respondió: «¿No sabes lo que pasó en Jerusalén?».

El compañero de viaje preguntó: «¿Qué pasó?».

Los discípulos le contaron al desconocido: «¿No sabes lo que pasó con Jesús de Nazaret? Era un hombre poderoso en obras y palabras delante de Dios y de todo el pueblo. Las autoridades lo condenaron y crucificaron. Nosotros creíamos que él iba a liberar a Israel».

El desconocido les dijo: «¡Cómo les cuesta comprender! ¿Por qué no miran todo esto que ha ocurrido a la luz de los escritos de Moisés y los profetas?».

Y el compañero desconocido fue explicando todo lo de Jesús a la luz de las Escrituras.

Llegaron a Emaús. El viajero iba a seguir su camino, pero los discípulos lo invitaron: «Quédate con nosotros porque es tarde y pronto va a oscurecer».

El desconocido aceptó la invitación. Y cuando se puso a la mesa con ellos, tomó el pan, lo bendijo, lo partió y se los dio.

Entonces se les abrieron los ojos y reconocieron al Señor. Pero ya no estaba con ellos.

Cleofás y su amigo se miraron y comentaron: «¿No estaba ardiendo nuestro corazón cuando nos hablaba en el camino?».

E inmediatamente se levantaron para regresar a Jerusalén a contar a los demás discípulos lo que había pasado en el camino de Emaús y cómo habían reconocido a Jesús resucitado en el partir del pan.

Y estando reunidos, él se presentó en medio de ellos y les dijo: «La paz con ustedes».

Los apóstoles no acababan de creer. Jesús resucitado les dijo: «¿Tienen algo de comer?».

Ellos le ofrecieron parte de un pez asado. Lo tomó y comió con ellos. Después les dijo: «Estas son aquellas palabras mías que les dije cuando estaba con ustedes: Es necesario que se cumpla todo lo que está escrito en la Ley de Moisés, en los Profetas y en los Salmos acerca de mí».

Y entonces abrió sus inteligencias para que comprendieran las Escrituras, y les dijo: «Ustedes son testigos de estas cosas. Yo voy a enviar sobre ustedes la Promesa de mi Padre».

Los sacó hasta cerca de Betania y alzando sus manos los bendijo. Y mientras los bendecía, se separó de ellos y fue llevado al cielo.

Ellos se volvieron a Jerusalén con gran alegría (Del evangelio de Lucas 24,13-52).

Este relato del evangelio de Lucas recoge la experiencia de fe de los primeros cristianos y el recorrido que todos tenemos que hacer para encontrar a Jesús y, a través de él, encontrar a Dios. Para encontrarnos como Iglesia y encontrar nuestra responsabilidad.

En el camino de la vida, Jesús sale a nuestro encuentro y nos pregunta: «¿Qué les pasa?, ¿qué es lo que les preocupa?». Y nos acompaña a recorrer ese camino, como acompañó a los discípulos que caminaban hacia Emaús, dándoles sentido a los acontecimientos que vivimos en nuestra historia personal, como también a los acontecimientos de la historia de la humanidad. A lo mejor, como ellos, también podemos descubrir su presencia, como la descubrieron Cleofás y su amigo aquella tarde cuando les ardía el corazón mientras Jesús caminaba con ellos.

En el camino de la vida, Jesús nos abre los ojos para descubrir la presencia de Dios y nos explica las Escrituras para que podamos vivir el encuentro con Dios que también vivieron los dos discípulos mientras caminaban hacia Emaús con Jesús.

En el camino de la vida, Jesús se hace compañero de camino para que podamos descubrir una nueva manera de vivir el encuentro con los otros en solidaridad, como lo vivieron los dos discípulos cuando acogieron a un desconocido y era Jesús.

En el camino de la vida, Jesús nos invita a partir el pan para poder reconocer su presencia, como ocurrió aquella tarde en la eucaristía de Emaús. Y nos llama a formar parte de la comunidad de los discípulos al ponernos en camino para vivir el encuentro con la Iglesia, como puso en camino, y de regreso a Jerusalén, a Cleofás y al otro discípulo.

En el camino de la vida, Jesús nos hace testigos de su amor al comunicarnos el don del Espíritu Santo y bendecirnos, como a los primeros discípulos. Y así como ellos, también nosotros podemos experimentar una inmensa alegría. Porque la fe es y tiene que ser fuente de alegría.

Y creer es confiar

Además, creer implica confiar, porque la fe es confianza. Y creer es, también, esperar y amar.

Por eso, no sólo creemos en Dios y en «el más allá». Creemos en la vida, creemos en nosotros mismos, creemos en los demás, creemos en el amor, porque si se entiende la fe como confianza, va de la mano de la esperanza y del amor:

Creer en la vida es amarla, cuidarla y respetarla, puesta la mirada en el futuro.

Creer en nosotros mismos es amarnos a nosotros mismos, reconocer nuestras propias capacidades y ponerlas al servicio de los demás.

Creer en las personas es amarlas, respetarlas y responder solidariamente cuando nos necesitan.

Creer en el amor es confiar y es esperar, saber que nos aman y confían en nosotros.

Creer en Dios supone descubrir su presencia y su amor, aceptar ese amor. Pero también es reconocer que la vida es un regalo de Dios para cuidar, que el mundo en el que vivimos nos lo entregó Dios para cuidarlo, que las personas son nuestros hermanos y hermanas porque Dios es nuestro Padre.

3. Otra pregunta: ¿qué son las religiones y de qué están hechas?

Lo sagrado, o la trascendencia, es una noción universal que se interpreta de diferentes maneras, pero es siempre algo que inspira respeto por pertenecer a una realidad del más allá en el espacio y en el tiempo.

Lo profano, o inmanente, corresponde, a su vez, al nivel intramundano de la realidad, a lo que es comprobable y perceptible por los sentidos, a lo que es experimentable y tiene utilidad práctica.

Por eso se suele considerar que lo sagrado o trascendente pertenece a un mundo separado del mundo profano o inmanente y que a veces se entiende por oposición a lo profano: como si lo propio de lo sagrado fuera que está separado de lo profano y lo propio de lo profano fuera que está separado de lo sagrado.

Esta división de la experiencia humana en dos esferas separadas corresponde a una concepción dualista de la realidad, pero lo sagrado y lo profano son dos dimensiones de la realidad y no dos zonas separables y en contraposición. El mundo no está dividido solamente en sagrado y profano, inmanencia y trascendencia. La realidad inmanente puede ser transparente para la trascendencia cuando lo trascendente se torna presente en lo inmanente. Son tres planos de la experiencia religiosa que se relacionan, se exigen y se suponen entre sí: trascendencia / transparencia / inmanencia o, lo que es lo mismo, lo divino / lo sagrado / lo profano. Porque, en últimas, lo sagrado es mediación entre lo profano y lo divino, mediación de la trascendencia o transparencia de la trascendencia en la inmanencia.

Y en esta posibilidad o necesidad de mediación es donde se ubican las diversas religiones o sistemas religiosos.

Por eso, en el mundo de las religiones existen personas, objetos y acciones que sirven de mediación entre la humanidad y la divinidad. Son hierofanías —literalmente, manifestaciones de lo sagrado— que hacen presente la trascendencia o la divinidad en medio de la inmanencia o de la experiencia humana.

Los estudiosos de las religiones se preguntan cuál es la frontera entre trascendencia e inmanencia, entre el ámbito de lo sagrado —que es mediación de la trascendencia o de la divinidad— y el ámbito de lo profano. Esta frontera depende de cada religión y cada cultura, pues cada grupo humano considera que ciertos lugares, momentos, objetos y elementos de la naturaleza, son distintos de otros lugares, momentos, objetos y elementos porque revelan algo distinto de ellos mismos: son hierofanías. Y hierofanías son todos los objetos, animales, lugares, acciones, acontecimientos, personas, sentimientos y relaciones que, en un momento concreto de la historia y en un determinado contexto geográfico, sirven de mediación de la experiencia religiosa. Asimismo, hierofánica es toda realidad mundana en la que se manifiesta la presencia de la trascendencia o de la acción divina para un grupo religioso.

Por ejemplo, de la primera a la última página, la Biblia relata una experiencia religiosa hecha de sucesivas experiencias marcadas por lugares y fechas que las identifican. Por eso, la lectura de la Biblia permite conocer esas experiencias que fueron dejando huellas en la geografía y en la historia del pueblo de Israel y de las primeras comunidades cristianas.

Espacios hierofánicos

Espacios hierofánicos o espacios sagrados son los lugares donde se experimenta la irrupción de lo divino o que recuerdan alguna experiencia de la presencia de la trascendencia, y en ellos la divinidad comparte el espacio de la humanidad: es la montaña sagrada, el templo, la tienda, la maloca, el río, la porción de tierra separada para el culto. Son las alturas, por su inaccesibilidad —por ejemplo, el Olimpo—, o el universo, como espacio inabarcable. Pero también son símbolo de la presencia divina y lugares aptos para la celebración ritual las cavernas, las lagunas y los ríos, además de los lugares construidos por la humanidad como altares, templos y otros monumentos que recuerdan y reviven la experiencia religiosa.

Los siguientes son algunos ejemplos de espacios hierofánicos:

- Para el hinduismo, el río Ganges es un lugar sagrado o espacio hierofánico. En sus aguas, los peregrinos buscan purificación y los moribundos esperan encontrar la liberación después de la muerte.

- Para el budismo, los lugares sagrados están relacionados con la vida y muerte de Buda, como el templo Mahabodhi, donde Buda alcanzó la iluminación.

- Jerusalén es un lugar sagrado para los judíos, los cristianos y los musulmanes: los judíos van a orar al muro de las lamentaciones, lo único que queda del templo que construyó Salomón para guardar el arca de la alianza con las tablas de la ley; los cristianos visitan los santos lugares donde Jesús fue crucificado y sepultado, resucitó y se apareció a los discípulos; los musulmanes visitan la Cúpula de la Roca, situada encima de la roca desde donde Mahoma ascendió al cielo.

- La Meca y Medina, en Arabia Saudita, son lugares sagrados del islam: La Meca, porque allí se encuentra la Kaaba, hacia donde los musulmanes miran cuando oran, y es el lugar de destino de la peregrinación que deben realizar una vez en la vida; Medina, porque fue la ciudad que recibió a Mahoma y a sus seguidores después de huir de La Meca en el año 622 y allí está enterrado Mahoma.

En cuanto a la tradición judeocristiana, en las páginas del antiguo testamento es posible identificar estos espacios hierofánicos:

- Abraham en Siquem edificó un altar a Yahvé, quien se le había aparecido; otro, junto a la encina de Mambré, donde vino a establecerse; y uno más en Berseba, donde plantó un tamarisco e invocó el nombre de Yahvé, Dios eterno. Y en este mismo sitio, Isaac encontró agua, instaló sus tiendas, construyó un altar e invocó el nombre de Yahvé.

- Al llegar a este lugar, dice el libro del Génesis, Jacob ofreció un sacrificio al Dios de su padre Isaac y aquella noche Dios le habló. Y, al despertarse de su sueño, tomó la piedra que se había puesto por cabezal, la erigió como estela, derramó aceite sobre ella, llamó aquel lugar Betel y declaró:

Está Yahvé en este lugar y yo no lo sabía. Qué temible es este lugar. Esto no es otra cosa sino la casa de Dios y la puerta del cielo (Del libro del Génesis 28,16-17).

- En el desierto fue el primer encuentro de Moisés con Yahvé, cuando se identificó como el Dios de sus padres, el Dios de Abraham, de Isaac y de Jacob, y le dijo a Moisés desde la zarza que ardía y no se consumía:

No te acerques aquí, quita las sandalias de tus pies, porque el lugar en que estás es tierra sagrada (Del libro del Éxodo 3,5).

Y un nuevo encuentro ocurrió en el Monte Sinaí, donde Yahvé le entregó la Ley a Moisés.

• La centralización del culto en Jerusalén, hecha por el rey David, implicaba el rechazo de cualquier otro culto local pues constituía un peligro para la unidad religiosa y política de la monarquía:

Serán suprimidos todos los lugares donde los pueblos que van a ser desalojados han dado culto a sus dioses, en lo alto de los montes, en las colinas y bajo todo árbol frondoso (Del libro del Deuteronomio 12,2).

Por eso el templo de Jerusalén era el centro de la vida religiosa, social y económica de los judíos: el culto que estaba allí centralizado constituía, además, importante fuente de ingresos y de él vivían los sacerdotes, los levitas y un gran número de comerciantes. Los judíos acudían al templo para participar en el culto, orar u ofrecer sacrificios, y muchos venían en peregrinación desde lejanas tierras, por lo cual una multitud de judíos piadosos llenaba permanentemente los atrios del templo.

Ahora bien, Jesús de Nazaret no se movió en espacios sagrados. Si los evangelios lo sitúan en el templo es expulsando a los cambistas y a los mercaderes o porque iba allí a enseñar y allí realizó numerosas curaciones. Pero cuando Jesús va a orar, se retira a un lugar apartado y nunca, ni una sola vez, aparece ofreciendo sacrificios, participando en el culto u orando en el templo.

También los evangelios presentan a Jesús enseñando y curando en la sinagoga, que no es un espacio sagrado destinado al culto, ni hay sacerdotes vinculados a ella sino un lugar de reunión de los judíos para escuchar las Escrituras.

A su vez, los escritos del nuevo testamento muestran que las primitivas comunidades de creyentes no tenían templos, sino que se reunían en las casas: el libro de los Hechos de los apóstoles dice que partían el pan en las casas y enseñaban la buena nueva en las casas; y las cartas de san Pablo hacen referencia a la iglesia que se reunía en la casa de Prisca y Aquila en Roma o en la casa de Ninfa en Colosas.

Tiempos hierofánicos

También el tiempo presencializa la realidad trascendente: son tiempos hierofánicos o tiempos sagrados, tiempos que no se miden con reloj sino en la experiencia religiosa que consagra los días santos y las fiestas religiosas para celebrar acontecimientos significativos para cada religión.

Existe, además, un tiempo original o tiempo metahistórico, es decir, que no pertenece a la historia, que está más allá del tiempo histórico y en el cual, seres sobrenaturales dieron origen al mundo y a la humanidad, tal como es narrado en los mitos y relatos de creación que forman parte de las creencias de todas las religiones y comienzan con las palabras «en el principio» o «al principio».

Y el tiempo sigue sacralizándose por nuevas intervenciones divinas en la experiencia humana. Tales intervenciones ocurren en la historia, ya sea por repetición de los acontecimientos del tiempo primordial en los ritos o porque los acontecimientos singulares de la vida de una persona y de la historia de la colectividad adquieren un valor hierofánico: son acontecimientos en los que se percibe la intervención de la divinidad, situaciones en las que se experimenta su cercanía.

Además, las religiones consagran un tiempo privilegiado para la celebración del rito: horas, semanas o épocas que, a su vez, expresan de forma muy especial la experiencia religiosa. Es el caso del tiempo nuevo que en muchas culturas comienza con el plenilunio del solsticio de primavera, tiempo apto para fiestas y ceremonias en las que el grupo se hace contemporáneo, ritualmente, del tiempo primordial.

Tiempos hierofánicos son las fechas en que las religiones celebran o conmemoran su historia sagrada:

- En el hinduismo, Rama Navami es la celebración del nacimiento de Rama; y Janmashtami, la celebración del nacimiento de Krisna.

- En el budismo, Bodhi o día de la iluminación conmemora la iluminación que alcanzó Buda; y Mahaparinirvana o día del nirvana conmemora la muerte de Buda.

- Para los judíos, Pésaj —o la Pascua— evoca la salida de Egipto; y Yom Kippur es el día de ayuno.

- Para los cristianos, la Pascua celebra la resurrección de Jesús; y la Navidad conmemora su nacimiento.

- Para los musulmanes, Ramadán es el mes durante el cual ayunan; y Laylat al-Qadr celebra la revelación del Corán.

También hay fechas, como el día de año nuevo, que para las religiones tiene especial significado; o como el sabat de los judíos, el domingo de los cristianos y el viernes de los musulmanes que son días destinados para la oración.

Y son tiempos hierofánicos o tiempos sagrados ciertos momentos de la vida de las personas porque son introducidos en el ámbito religioso para conjurar el peligro que entraña para el grupo la alteración del orden establecido y ayudar a los individuos a vivir la ruptura: el nacimiento y la muerte, el acceso a la edad adulta y el matrimonio. Estos «momentos de paso» son introducidos a la experiencia religiosa como momentos hierofánicos y celebrados como «ritos de paso».

En cuanto a la tradición judeocristiana recogida en la Biblia, hay que anotar que la Pascua, más que tiempo sagrado, es tiempo salvífico: tiempo en el que la acción de Dios se actualiza en la experiencia de cada generación. Y en la formulación de la Ley se señala un tiempo consagrado a Yahvé, durante el cual se prohíbe la realización de cualquier trabajo: se trata del descanso sabático. También se señalan tiempos conmemorativos, como la fiesta de los ázimos y la fiesta de la cosecha, en la que los israelitas celebraban y actualizaban, todos los años, la experiencia de encuentro con Yahvé.

Es conocida la forma como los judíos contemporáneos de Jesús cumplían el descanso sabático hasta la exageración. Como contraposición, los evangelios quieren mostrar a Jesús ignorando esta ley, porque, para él, las normas y prescripciones que los judíos habían desviado de su sentido original, carecían de valor. Y este comportamiento le ocasionó serias dificultades.

Por eso declaró que el sábado es para el hombre y no el hombre para el sábado, porque para él lo que cuenta es la persona y no el cumplimiento de una ley o tradición. Por eso curó al hombre que tenía la mano paralizada, a la mujer encorvada, a un hombre hidrópico, al paralítico de la piscina o al ciego de nacimiento aunque fuera sábado y así violara la ley del descanso sabático, aunque escandalizara a los que absolutizaban las leyes, aunque pusiera en peligro su reputación y su vida.

Ahora bien, aunque Jesús no guardara el sábado con el rigor de los judíos, sí lo vemos tomando parte en las fiestas judías: subió a Jerusalén con motivo de la Pascua o de la fiesta de las tiendas, en esta ciudad se encontraba por la fiesta de la dedicación, y celebró el «día de los ázimos, en el que se había de sacrificar el cordero de Pascua», como lo señala el evangelio de Lucas y dijo a los apóstoles: «mucho he deseado comer esta Pascua con ustedes» (Del evangelio de Lucas 22,15).

Personas hierofánicas

Las personas también pueden ser manifestación de lo sagrado o de la trascendencia. Son los interlocutores y enviados de los dioses; los sacerdotes tribales y funcionarios del culto que sirven de intermediarios entre la humanidad y la divinidad; todos los que de alguna manera han borrado la línea divisoria entre la inmanencia y la trascendencia.

Es así como las tradiciones religiosas cuentan en sus filas personajes que ejercen un liderazgo espiritual porque en visiones, sueños o apariciones han recibido mensajes de la divinidad para comunicarlos al grupo creyente.

Algunos de los interlocutores de Dios más representativos de las religiones monoteístas de Occidente son los siguientes:

- Abraham, a quien Yahvé Dios llamó y constituyó padre de la fe, como lo reconocen judíos, cristianos y musulmanes.

- Moisés, que en el monte Sinaí habló directamente con Dios cuando recibió la Ley.

- Los profetas de Israel, que dialogaban con Dios y transmitían al pueblo su mensaje.

- Jesús, que hablaba con Dios y revela el amor de Dios.

- Mahoma, que recibió la revelación de Alá por medio del ángel Gabriel.

También en las religiones occidentales hay enviados divinos, es lo que significa la palabra «mesías», y esta figura de «enviado divino» forma parte de sus creencias:

- Los judíos esperan un mesías, descendiente de David, que vencerá el mal, reunirá a los judíos dispersos para llevarlos de regreso a Israel y traerá la paz.

- El Mesías del cristianismo es Jesús de Nazaret, el enviado de Dios para traer al mundo la buena noticia del amor y la salvación, como lo reconocieron los primeros seguidores de su enseñanza, mientras los judíos no lo aceptaron porque no correspondía al tipo de mesianismo que esperaban.

- El enviado divino o mesías del islamismo es al-Mahdi que vendrá al final de los tiempos para traer paz y justicia a la tierra.

Las religiones orientales, en cambio, no tienen enviados divinos o interlocutores de los dioses sino iluminados, personas que alcanzaron la iluminación y deciden regresar para guiar a otras personas en el camino de la iluminación:

- Son los sannyasins del hinduismo, que renuncian a todo en la vida para buscar a la divinidad y convertirse en vehículos de sabiduría espiritual para sus seguidores.

- Son los bodhisattvas del budismo y los 24 tirthankaras del jainismo, como el iluminado Siddharta Gautama, uno de los muchos budas de la historia, y como Mahavira, el más notable y el último tirthankara.

- Son también los lamas del budismo que son reencarnación de anteriores lamas, como el Dalai Lama reencarnación del bodhisattva Avalokitesvara.

Las religiones del mundo tienen, además, personas que viven una experiencia muy especial de la trascendencia, adquieren especiales poderes espirituales y, durante su vida consagrada a la divinidad o después de ella, se reconocen como santos y santas.

Y existen, también, mediadores que ponen en comunicación a los seres humanos con los seres divinos: los sacerdotes que ofrecen sacrificios a los dioses y los chamanes que por medio del éxtasis experimentan el encuentro con la divinidad y hacen posible el encuentro de la tribu con el mundo de los dioses.

En la tradición judeocristiana del antiguo testamento, antes de Moisés, no aparece el profesional de lo sagrado. Los patriarcas —Abraham, Isaac y Jacob— ejercían funciones cultuales, ofreciendo sacrificios, consagrando lugares para el culto y como interlocutores directos de Dios. Probablemente ocurriría lo mismo durante la permanencia en Egipto y en tiempos de Moisés, ya que él mismo ejerció la mediación cultual.

La figura de Aarón corresponde a la escuela sacerdotal del postexilio que necesitaba justificar la existencia del sacerdocio aaronita como descendiente de un personaje, Aarón, tan importante como Moisés. Por eso, según el libro del Éxodo y el libro de Números, cuya redacción definitiva fue hecha por la escuela sacerdotal en el periodo del postexilio, Aarón es escogido sacerdote de Yahvé por Moisés, según indicación divina, y Nadab, Abihu, Eleázar e Itamar, los hijos de Aarón, fueron ungidos sacerdotes y sus manos consagradas para ejercer el sacerdocio, mientras los levitas fueron escogidos como ayudantes del sacerdocio aaronita.

Con el exilio, los sacerdotes adquirieron una importancia muy grande y desde la época de los macabeos representaban la máxima autoridad. Y en tiempos de Jesús, la casta sacerdotal, en especial los sumos sacerdotes, ejercían el poder no sólo religioso sino político.

Ahora bien, en la actividad de Jesús no hay rastros de acciones cultuales de tipo sacerdotal. Su actitud frente a los sacerdotes y sumos sacerdotes que los evangelios dejan ver es de distanciamiento y rechazo. Al fin y al cabo, en la mentalidad de las primeras comunidades cristianas, ellos eran los responsables de la muerte de Jesús y cierto resentimiento parece traslucirse en la redacción de los evangelios. Además, cuestiona las prácticas rituales de la casta sacerdotal. Es la crítica que deja traslucir la parábola del buen samaritano: un sacerdote y un levita pasan de largo, porque como funcionarios del culto, no podían acercarse a un enfermo, un herido o un cadáver pues su contacto los habría contaminado y así no podían tener acceso al espacio sagrado del templo. En cambio el samaritano —proscrito religiosamente— es quien se detiene y al que Jesús propone como ejemplo.

Por su parte, los escritos del nuevo testamento no designan como sacerdotes —personas sagradas, mediadores entre lo sagrado y lo profano, profesionales del culto— a sus dirigentes. Más bien toman del lenguaje profano la denominación de los diversos ministerios eclesiales: apóstoles, profetas, evangelistas, pastores y doctores eran funciones de servicio y liderazgo que no suponían sacralización de las personas; y en escritos posteriores se mencionan las funciones de obispos, presbíteros y diáconos, que eran también de servicio y liderazgo: eran los vigilantes, los ancianos y los servidores que organizaban la comunidad.

4. Una pregunta más: ¿cuál es el origen del cristianismo?

Las diversas tradiciones religiosas se enmarcan en un entorno geográfico y cultural, como también en circunstancias históricas concretas que le prestan a cada tradición religiosa sus moldes de pensamiento, sus formas de relación, sus sistemas de valores, sus símbolos, sus imaginarios.

Rastrear los orígenes del cristianismo en sus raíces históricas remotas en el mundo del antiguo testamento y en sus raíces inmediatas en el mundo del nuevo testamento es una forma de responder a muchas preguntas en relación con la tradición judeocristiana a la cual pertenecemos los católicos.

El mundo del antiguo testamento

El mundo amplio del antiguo testamento es el Medio Oriente, como espacio geográfico y cultural en el que se movió un pueblo como muchos otros de la antigüedad, pero que para nuestra fe tiene gran importancia porque es el pueblo de cuya experiencia de Dios tenemos noticia por la Biblia: el pueblo de Israel.

Las circunstancias de su historia, al igual que los territorios que recorrieron y en los que se asentaron, las conocemos en la interpretación de la Biblia, y sin ella probablemente ignoraríamos los episodios vividos por los israelitas y quiénes fueron sus dirigentes.

En los libros de la Biblia que narran estos acontecimientos, el protagonista es siempre Yahvé Dios y la historia de Israel es la historia de las acciones de Dios en favor de su pueblo. Una historia que comienza con la salida de Egipto y a la que sirven de preludio las tradiciones de los patriarcas, continúa con la conquista de la tierra y la organización del pueblo en forma de monarquía, luego ocurren los reveses de la historia y en cada acontecimiento es Yahvé Dios, como protagonista, el que lleva al pueblo de la esclavitud a la tierra prometida, le da su organización y sus gobernantes, lo libra del peligro o le da la victoria al enemigo cuando Israel se olvida del compromiso de la alianza. El último acontecimiento de esta historia de salvación es la irrupción definitiva de la salvación de Dios en la persona de Jesús.

La salida de Egipto bajo el liderazgo de Moisés en el siglo XIII a. C. y la conquista de la tierra de Canaán, acaudillada por Josué, por la misma época, son los acontecimientos que dieron origen a Israel como pueblo. Antes de estos acontecimientos los antepasados de Israel fueron nómadas y se habían establecido en Egipto.

La Biblia menciona a Abraham, Isaac y Jacob, los patriarcas de un clan de pastores que debió salir de Ur hacia 1950 a. C. con motivo de los desórdenes que allí ocurrieron entonces. Con sus rebaños y su parentela, el patriarca Abraham habría recorrido Siria y Galaad, la tierra de Canaán y Egipto, fijando su tienda en los lugares donde encontraba pastos y agua para su ganado. Lo mismo hicieron Isaac y Jacob.

Tal como los escritos bíblicos nos los presentan, los acontecimientos de la historia de Abraham, de Isaac y de Jacob que preludian la llegada a Egipto y la salida de la tierra de la esclavitud representan el primero de los capítulos de una historia que va a continuar hacia el futuro. Esta etapa nómada no es un «simple» acontecimiento pues en ella está Dios presente y actuando: llama a Abraham, dialoga con él, hace un pacto y le promete una descendencia y una tierra donde su descendencia habite en propiedad. La relación de Dios con Isaac, a su vez, es continuación de la relación mantenida con Abraham y se prolonga en la historia de Jacob.

Hacia el año 1650 a. C., los hijos de Jacob llegaron a Egipto en busca de pastos para sus rebaños y allí se quedaron durante muchos años los descendientes de los hijos de Jacob. Su número creció de tal manera que su presencia preocupó a los faraones y probablemente durante el reinado de Ramsés II (1235-1224 a. C.) los israelitas emigraron al mando de Moisés. Y esta salida de Egipto tampoco es un «simple» movimiento migratorio: es acción de Dios que sacó a su pueblo de la esclavitud para llevarlo a la tierra de la libertad.

La conquista de Canaán fue una acción para derrotar a los pueblos que habitaban en esta tierra y tomarla en posesión. La campaña dirigida por Josué se apoderó de la ciudad de Jericó y de otras comarcas cuyos reyes fueron vencidos o pactaron con los invasores. Después de Josué, la situación fue difícil para los recién llegados: los ataques de los naturales del país fueron constantes pero bajo el mando de los jueces consiguieron quedarse. Baraq derrotó a los cananeos en la llanura de Esdrelón, Gedeón alejó del mismo lugar a los madianitas, Jefté venció a los ammonitas, Sansón atacó a los filisteos y Samuel acabó con ellos. El libro de Josué y el libro de los Jueces que narran estos acontecimientos cuentan esta historia a la manera como toda la Biblia cuenta la historia de Israel: como historia de la intervención de Dios. Ellos eran la descendencia prometida a Abraham y se habían establecido en la tierra prometida. Como Abraham, los dirigentes del pueblo eran elegidos por Dios para defender y organizar a su pueblo, el pueblo de Dios: Gedeón y los demás jueces fueron reconocidos como hombres elegidos por Dios, encargados de mantener el orden social y de conquistar palmo a palmo la tierra. Igualmente Samuel, llamado por Dios y encargado de organizar la monarquía.

Conquistada la tierra, Israel comenzó a organizarse como nación y alcanzó un periodo de esplendor y el mismo pueblo buscó una forma de gobierno similar a la de los vecinos que les garantizara la estabilidad social y política. Saúl fue el primer rey de Israel (hacia 1030-1010 a. C.), a quien sucedió David (1010-970 a. C.) y posteriormente Salomón (hacia 970-931 a. C.). Con la consolidación de la monarquía, Israel alcanzó una época de prosperidad, de florecimiento cultural y de una relativa paz. Y, una vez más, los acontecimientos fueron interpretados como voluntad de Dios y, en su realización, los israelitas percibían el hacer de Dios.

Solucionados los problemas vitales de tierra y organización, en la época monárquica, la aspiración fue vivir en paz, compartiendo la tierra y sus productos. La salvación de Dios se interpretó, entonces, y se realizó en la unidad y solidaridad de los israelitas como pueblo: en alianza. Por esta época, los teólogos del reino de Israel recogieron las tradiciones del pueblo y las ordenaron en los primeros escritos, que fueron revisados y completados con una nueva reflexión, siglos más tarde. Estos escritos son los que permiten identificar, hoy, la experiencia de Dios en el antiguo testamento, es decir, el encuentro de Dios con las personas en las circunstancias históricas del pueblo de Israel y su comunicación. Es decir, la revelación.

A la muerte de Salomón se produjo la división entre el reino del norte y el reino del sur, y, con ella, el comienzo de la decadencia. El reino del norte sucumbió ante el ejército asirio en el año 721 a. C., mientras el reino de Judá o reino del sur sobrevivió unos años: Nabucodonosor se apoderó de Jerusalén en el año 597 a. C., deportó sus habitantes a Babilonia y el reino se extinguió.

Entonces comenzó el exilio o cautiverio de Israel en Babilonia, cuando la fe en Yahvé mantuvo su identidad y unidad, así como la esperanza de recuperar la tierra y restaurar la nación. La predicación de los profetas interpretó este acontecimiento como castigo divino por la infidelidad del pueblo a la alianza a la que él sí permanecía fiel y, por eso, seguía salvando.

Y en el edicto del rey persa Ciro, en el año 539 a. C., que autorizó el regreso a la patria y la reconstrucción del templo de Jerusalén bajo la conducción de Nehemías y Esdras, los israelitas reconocieron una vez más la mano de Dios.

El siguiente capítulo fue la dominación de los persas, luego la de los griegos y, en el siglo II a. C., ocurrió la rebelión de los macabeos contra los griegos, rebelión que permitió unos años de independencia, luego de los cuales, en el año 6 a. C., los ejércitos romanos invadieron los territorios de Palestina e hicieron de ellos una provincia del Imperio Romano. Fue durante la dominación romana cuando nació, vivió y murió Jesús, la plenitud de la revelación y la salvación de Dios, acontecimiento del cual da cuenta el nuevo testamento.

El mundo del nuevo testamento

Jesús de Nazaret vivió hace dos mil años en el país de los judíos, conocido como Judea o Palestina, y situado en el extremo oriental del mar Mediterráneo. Limitaba con el desierto de Arabia por el sureste y con el Sinaí por el sur; al oeste estaba situado el Mediterráneo; al norte, los montes del Líbano; y, al noroeste, la Decápolis, Iturea y Traconítide.

El río Jordán recorre en sentido longitudinal el territorio de Judea: nace de los montes del Líbano y desciende hacia el lago de Genesaret o mar de Tiberíades, para formar una depresión bajo el nivel del mar, la mayor del mundo, y desembocar en el mar Muerto.

También en sentido longitudinal, una cadena montañosa atraviesa el país al occidente del río Jordán. A esta cadena pertenecen las colinas de Galilea, el monte Garizim en Samaria y los altos de Jerusalén, con el monte de los Olivos y el Hebrón en el sur.

En el extremo occidental, y también en sentido longitudinal, se encuentra la costa sobre el mar Mediterráneo. En el extremo oriental, al otro lado del río Jordán y dominando el valle de este río, se encuentra la meseta de Trasjordania.

Allí estaban y siguen estando Jerusalén y Nazaret, Cafarnaum y Betania, Jericó y Belén, y todas las ciudades donde Jesús llevó a cabo su misión, las orillas de los lagos y del Jordán, las pequeñas alturas y los valles, las llanuras y las zonas desérticas, que fueron testigos de su actividad.

En tiempos de Jesús, Roma había alcanzado uno de sus grandes momentos históricos. Octavio César Augusto había extendido los límites del imperio hasta «los confines del mundo» y había logrado disipar las luchas internas, conciliar los grupos o facciones enemigas y asegurar, así, la paz romana.

Los evangelios relatan que el emperador Octavio César Augusto ordenó un censo que consistía en declarar las posesiones de los habitantes de las provincias ante la autoridad romana, con el fin de señalar a los propietarios su respectivo impuesto territorial a favor del fisco romano. Podría pensarse, por lo tanto, que María y José debieron ir a Belén por ser propietarios de tierras en los alrededores de esta ciudad.

También los evangelios mencionan a Tiberio, hijastro de César Augusto, quien llegó a ser su sucesor después de incidentes y dificultades con otros aspirantes, y durante su gobierno puede ubicarse la vida pública y la muerte de Jesús.

La primera autoridad romana y representante del Emperador en el territorio judío era el procurador o gobernador. Su tarea consistía en activar el recaudo de impuestos para el fisco imperial y mantener la paz:

- Para la recolección de los impuestos estaban bajo sus órdenes los recaudadores o publicanos, judíos que colaboraban con el poder invasor. Por su colaboración eran despreciados por sus compatriotas y por tener trato con los no judíos, estaban proscritos de la sociedad como pecadores. Los evangelios mencionan a Zaqueo, jefe de recaudadores de la ciudad de Jericó, y a Leví o Mateo, un cobrador de Cafarnaum.

- Para mantener la paz de la provincia, el representante de la autoridad romana tenía a su mando cinco cohortes de unos 600 hombres cada una. Estas se encontraban en Jerusalén y en Cesarea, la capital romana, donde también residía el procurador.

Poncio Pilato ejerció la máxima autoridad en la provincia romana de Palestina. Ocupó el cargo de procurador o gobernador bajo el gobierno de Tiberio y su nombre habría pasado casi con seguridad al olvido si no hubiera sido por su intervención en el proceso y condena de Jesús.

A pesar de la dominación romana, los judíos conservaban cierta autonomía, la cual estaría representada en el reconocimiento de parte de los romanos de la competencia del sanedrín para reconocer causas y pronunciar sentencias según la ley judía, excepción hecha de la pena de muerte.

Porque la primera autoridad judía era el sanedrín o consejo de ancianos, constituido por 71 miembros, que recibían el título de sanedritas: el sumo sacerdote, quien era su presidente y cuyos principales deberes y privilegios se relacionaban con el culto; los ancianos o notables, representantes de las grandes familias; los sumos sacerdotes ya retirados; algunos saduceos; los escribas o doctores de la ley, y algunos fariseos.

Los evangelios mencionan dos sanedritas entre los simpatizantes de Jesús: Nicodemo y José de Arimatea. También mencionan dos sumos sacerdotes entre los principales enemigos de Jesús: Anás y Caifás, quienes sucesivamente ocuparon el cargo.

En cuanto a la organización social del mundo de Jesús, es posible identificar en los evangelios su estratificación, cuál era la situación de las mujeres y los grupos religiosos y políticos que completaban este cuadro social:

- Había una clase alta a la que pertenecían quienes detentaban el poder religioso, político y económico, es decir, los miembros del sanedrín, la aristocracia sacerdotal del templo, los grandes comerciantes y terratenientes judíos. Económicamente pertenecían a este estrato los recaudadores de impuestos o publicanos, si bien eran despreciados como «vendidos» al poder invasor y estaban marcados como pecadores.

- La clase media estaba constituida por los artesanos, pequeños comerciantes y agricultores, algunos sacerdotes del templo y la mayoría de los rabinos o maestros de la ley.

- La más numerosa era la clase pobre: jornaleros que vivían de un trabajo inestable y una paga escasa, y los mendigos, generalmente ciegos, cojos, paralíticos, que vivían de la caridad pública, así como las viudas y los huérfanos.

- Marginados de la sociedad estaban los extranjeros —los gentiles o paganos—, cuyo trato estaba prohibido para los judíos. También estaban marginados los pecadores públicos —publicanos y prostitutas— así como los leprosos. Y las mujeres, que no ocupaban lugar en la sociedad.

La mujer judía estaba marginada de la vida política, religiosa y cultural, y en plano de absoluta desigualdad frente al varón, ya que carecía de estado civil, así como de estatus religioso y social por sí misma. Con el siervo, la casa y el asno, era propiedad del marido. Estaba excluida del culto oficial y, según la costumbre en las sociedades patriarcales, no estaba capacitada para ejercer cargos.

Los evangelios nombran diversos grupos religiosos y políticos que formaban parte de la sociedad judía, como los fariseos, los escribas, los saduceos, los celotes, los sacerdotes y los levitas.

- Los fariseos constituían una secta político-religiosa. Eran estrictos cumplidores de la ley, la guarda del sábado, la pureza ritual y el pago de los impuestos del templo. Son famosos sus excesos, su formalismo, su autosuficiencia, su piedad ostentosa y su desprecio por quienes no compartían su opinión: las discusiones con Jesús y la persecución que contra él desataron ocupan muchas páginas de los evangelios.

- De la enseñanza e interpretación de la Ley se ocupaban los escribas o maestros de la ley, quienes también tenían puesto en el sanedrín. Este cargo requería prolongados estudios y sus decisiones eran muy respetadas. Los escribas ostentaban el título de rabí, que quiere decir «maestro», y formaban escuelas de discípulos, quienes seguían su doctrina e incluso asumían ciertas formas de vida. Es famosa la escuela de Gamaliel, de quien fue discípulo el apóstol Pablo.

- A la secta de los saduceos pertenecía la mayoría de los sacerdotes, quienes defendían sus prerrogativas sacerdotales, ya que, en tiempos de Jesús, ocupaban los puestos de mayor importancia: gozaban de la confianza del poder romano y se oponían a todo cambio, por lo cual fueron opositores de Jesús, según la presentación que de ellos hacen los evangelios.

• Los celotes, de origen galileo, se oponían violentamente a los romanos. Fanáticos nacionalistas, luchaban contra las instituciones romanas y se les consideraba como «bandoleros» o «bandidos». Entre ellos debió tener acogida la predicación de Jesús, porque esperaban restaurar el reino de Israel y encontraron en Jesús un posible líder para su movimiento. Algunos, como Judas Iscariote o Simón Celote, se hicieron discípulos de Jesús.

• Los sacerdotes del templo, descendientes de la familia de Aarón, eran los profesionales de lo sagrado y, como su número era superior a las necesidades reales, tenían turnos para ejercer sus funciones.

• Los levitas eran los encargados de los servicios auxiliares del culto, como la música, la preparación de los sacrificios, el aseo y la vigilancia.

5. La última pregunta: ¿cómo llegó el cristianismo hasta nosotros?

Hay una pregunta que muy posiblemente ustedes se han hecho en algún momento de la vida: ¿por qué llegó el cristianismo hasta nosotros y cómo llegó?

De la mano de esta pregunta, posiblemente surgen otras dos: ¿por qué llegó el cristianismo y no otra religión? y ¿por qué el cristianismo en la confesión católica y no de otra de las Iglesias cristianas, como la Iglesia ortodoxa griega, la Iglesia anglicana o una de las Iglesias provenientes de la reforma luterana?

Una posible forma de responder a estas preguntas es repasar la historia de los últimos dos mil años y trazar el recorrido geográfico e histórico que siguió el mensaje de Jesús —el evangelio— desde Jerusalén hasta «los confines del mundo» según las palabras que el evangelio de Lucas pone en labios de Jesús en el libro de los Hechos de los apóstoles.

Este recorrido histórico y geográfico se identifica con la historia de la fe cristiana, por una parte, enmarcada, en cada paso de su caminar, en las circunstancias culturales en las que el mensaje cristiano se ha ido encarnando, porque los sistemas de significación y los valores, las formas de relación de los individuos entre sí y con Dios, es decir, todo aquello que constituye la cultura, condicionan las formas de la expresión religiosa y, por lo tanto, la manera de vivir la experiencia cristiana. Por otra parte, esta historia de la fe cristiana está marcada en cada capítulo por las circunstancias históricas y los problemas del mundo en que se encarnó la Iglesia y en las que fue evolucionando su organización.

Esta historia de sucesivos encuentros del evangelio con diversos entornos culturales e históricos responde al porqué en España y en la América española, la fe católica es la que profesa la mayoría de sus habitantes. Y responde, asimismo, al cómo las doctrinas y prácticas del cristianismo tomaron forma en los diversos entornos culturales, al mismo tiempo que iban «cristianizando» —algunas veces a la fuerza— las costumbres propias de cada cultura.

Además, este repaso de acontecimientos de la historia de los últimos dos mil años puede ofrecer pistas y aclaraciones respecto a otras muchas preguntas: ¿por qué el grupo de los creyentes en Cristo se llama Iglesia y de dónde viene el calificativo de católica?, ¿cuál es el origen de su organización y de sus relaciones con el poder político?, ¿cómo se dividió el cristianismo en el transcurso de los siglos para dar origen a sus distintas denominaciones?, etc. Y al pasar por episodios bochornosos, como las cruzadas, la Inquisición o el avasallamiento religioso y cultural del europeo en los demás continentes, aunque jamás podrán justificarse, a lo mejor puedan encontrar alguna explicación en razón de las circunstancias históricas.

- El primero de estos encuentros corresponde al siglo I, cuando la Iglesia empezó a caminar por la historia, en el ámbito judío, anunciando la buena noticia del amor de Dios que Jesús de Nazaret, con su vida, había predicado.

- El segundo encuentro, con el mundo griego y romano, data de los siglos II al V, cuando el evangelio se encarnó en los moldes del pensamiento occidental.

- El tercer encuentro fue con el mundo bárbaro, en la segunda mitad del primer milenio, cuando, además, se produjo la mayor difusión del cristianismo y la consolidación de la Europa cristiana.

- Durante este mismo periodo, se produjo el encuentro de la fe cristiana con el islam, encuentro manchado por la sangre que derramaron, por igual, cristianos y musulmanes y que se prolongó a lo largo de la primera mitad del segundo milenio.

- El siguiente momento son los siglos de la cristiandad medieval, cuando la Iglesia debió asumir el papel de guardiana de la cultura y en las universidades floreció la teología escolástica.

- Un nuevo momento es el encuentro con la Edad Moderna, caracterizado por los esfuerzos de la Iglesia católica por mantener la pureza de la fe frente a las propuestas del mundo moderno que la Iglesia consideró como amenaza y que, para defenderse, condenó como errores.

- Otro capítulo importante es el encuentro entre el mundo cristiano y el mundo de nuestros antepasados precolombinos en la segunda mitad del segundo milenio.

- Simultáneamente se escribió el siguiente capítulo en el encuentro del mundo europeo cristiano con los habitantes de los otros continentes, también en la segunda mitad del segundo milenio.

- Otro capítulo es el encuentro del mundo católico con la Edad de la Razón, entre el siglo XVII y el siglo XIX, cuando la Iglesia católica se sintió amenazada y asumió una actitud defensiva frente a las nuevas corrientes de pensamiento.

- El capítulo más reciente de este recorrido histórico coincide con cambios sociales a los cuales la Iglesia católica intentó responder con el Concilio Vaticano II en la segunda mitad del siglo XX.

El primer ámbito de difusión del evangelio: el mundo judío

El primer ámbito de difusión del evangelio fue el mundo judío en el que nacieron las primeras comunidades de creyentes: judío era Jesús, judíos eran los apóstoles, judíos eran los primeros discípulos, judíos de lugares distantes eran los que el día de Pentecostés, según el libro de los Hechos de los apóstoles, estaban en Jerusalén y fueron los primeros convertidos al oír las palabras que Pedro pronunció en nombre de la comunidad: «Sepan ustedes, los judíos, que a este Jesús al que ustedes crucificaron, Dios lo resucitó» (Del libro de los Hechos de los apóstoles 2,36).

El mismo libro muestra cuál fue la respuesta al anuncio: conversión, bautismo, testimonio de unión fraterna y solidaridad de la comunidad reunida alrededor de la enseñanza de los apóstoles, la oración y la fracción del pan.

En este primer momento, la vida cristiana era entendida y vivida como un estilo de vida, distinto del que llevaban las demás personas. Por eso el nuevo testamento se refiere a la «nueva vida en Cristo» que testimoniaban los creyentes y atraía a muchos judíos que se unían al grupo para vivir en el amor fraterno.

Otros, en cambio, se mostraban escépticos y se declaraban enemigos de los seguidores de Jesús, el Cristo, que es el nombre con el que comenzaron a hablar de Jesús, a quien sus seguidores reconocían como el enviado de Dios —que es lo que significa la palabra «mesías»— y el ungido o consagrado por Dios —que es lo que significa la palabra «Cristo»—. Eran los mismos que habían rechazado la predicación de Jesús: los sacerdotes judíos, los saduceos, los maestros de la ley, la guardia del templo, los ancianos que formaban el sanedrín, es decir, las autoridades judías. Ahora rechazaban a sus seguidores y contra ellos desataron la persecución. Entre quienes fueron arrestados, azotados y condenados a muerte se cuentan, en este primer momento, Esteban, apedreado hasta morir, y Santiago, a quien Herodes ordenó matar a espada.

Un famoso perseguidor de los cristianos fue Saulo de Tarso, el nombre judío del apóstol Pablo. Este Saulo, cuando iba camino de Damasco para poner presos a los cristianos de esa ciudad y llevarlos a Jerusalén, vivió el encuentro con Cristo resucitado. Y de perseguidor de cristianos se convirtió en seguidor de Cristo y posiblemente el más activo de todos en la difusión del evangelio más allá de las fronteras del mundo judío.

El encuentro del evangelio con el mundo griego y romano

Los primeros creyentes pensaban que los destinatarios del mensaje de Jesús eran únicamente los judíos. Pero muy pronto el evangelio desbordó los límites del mundo judío y se enrumbó hacia otras tierras.

A Pablo, el mismo Saulo que había sido perseguidor de los cristianos, se le debe en gran parte el encuentro del evangelio con el mundo griego y romano. Judío de nacimiento y convicciones religiosas, pero griego en su formación y, además, ciudadano romano, comprendió que el evangelio de Jesucristo tenía que ser anunciado a todas las gentes.

Al igual que en el ámbito judío, los cristianos ofrecían al mundo grecorromano la originalidad de su mensaje y de su vida: proclamaban su fe en Jesucristo muerto y resucitado, testimoniaban su fe con su santidad, su heroísmo y el amor que unía a la comunidad. Y ante el evangelio proclamado con palabras y con hechos no era posible permanecer indiferente: unos lo aceptaban y otros lo rechazaban.

Aceptaron el evangelio gentes de diversa condición y lo hicieron en forma libre y personal, decisión que expresaban en el bautismo que los incorporaba al grupo de seguidores de Cristo.

Los convertidos, a su vez, comunicaban la buena noticia que había cambiado sus vidas, lo cual producía nuevas conversiones. Y en Samaria, en Antioquía, en Chipre, en Efeso, en Atenas, en Corinto, en Tesalónica, en Alejandría, en Roma, en casi todos los puertos sobre el Mediterráneo y en casi todas las ciudades del Imperio Romano, fueron surgiendo comunidades de creyentes.

Desde el primer momento estas comunidades de creyentes recibieron el nombre de iglesias —del griego *ekklesia*, que significa «comunidad reunida»— porque eran comunidades reunidas en nombre de Jesús. Responsable de cada una de estas comunidades era el obispo, elegido por cada comunidad para servir a la misma comunidad y unido a los obispos de las demás iglesias.

Los primeros cristianos, que testimoniaban con su vida la buena noticia del amor de Dios y daban razón de su esperanza, eran gentes sencillas. Más tarde se convirtieron al cristianismo hombres cultos que se dieron a la tarea de pensar su fe en los términos propios del saber de su tiempo: es la época de los llamados «padres de la iglesia», que abarca desde el siglo II hasta el siglo VI.

Este encuentro del evangelio con el mundo grecorromano implicaba su traducción no sólo al griego o al latín sino a los moldes del pensamiento occidental, muy distintos del pensamiento semita en el cual había nacido. Por eso el pensamiento griego enmarcó la reflexión teológica, principalmente la filosofía platónica y su antropología, marcada por el dualismo cuerpo-alma, materia-espíritu, así como la influencia del modelo ético del estoicismo, cuyo principio básico era la sumisión al orden del mundo y el dominio de la pasión por la razón.

Ahora bien, la versión occidental del evangelio no se hizo sin dificultad y dio lugar a una abundante producción literaria: la literatura patrística. Las diversas interpretaciones ocasionaron discusiones teológicas que ponían en peligro la unidad de la Iglesia, y para atajar este peligro, los obispos, como responsables de sus respectivas comunidades de creyentes, se reunieron en concilios con el fin de adoptar algunas de estas interpretaciones como doctrina oficial y condenar otras como herejías.

Por otra parte, los convertidos al cristianismo, al reconocer a Dios, el Padre de Jesucristo, como único dios, se negaron a ofrecer sacrificios a los dioses del Imperio. Su negativa los hizo sospechosos y las autoridades romanas emprendieron la persecución contra los seguidores de «un tal Jesús llamado el Cristo». Por eso los cristianos fueron considerados enemigos del Estado, encarcelados y entregados a las fieras o a los gladiadores en espectáculos para multitudes.

Ahora bien, esta persecución no fue constante ni en el tiempo ni en intensidad. Algunos emperadores, como Nerón o Diocleciano, decretaron las más famosas de la historia, cuando se decía que «la sangre de cristianos se hizo semilla de cristianos», pues la persecución, lejos de disminuir la fuerza de la nueva religión, hizo aumentar el número de seguidores y su fe.

Ahora bien, el cristianismo no era la única religión que le hacía la competencia a la religión oficial del Imperio. Los cultos mistéricos eran populares entre los romanos, y la religión persa del dios Mitra y la del dios Sol de los sirios contaban con numerosos simpatizantes, y era costumbre que los aspirantes a la primera magistratura se encomendaran a estos dioses para garantizar el acceso al trono: Aureliano, en el año

274, oficializó el culto al dios Sol en agradecimiento por haberlo hecho triunfar en Siria; Diocleciano declaró protector del Imperio al dios Mitra; Constantino, a su vez, escogió al Dios de los cristianos para que le ayudara a vencer a su rival Magencio en la batalla de Puente Milvio, en el año 312. Y atribuyéndole su triunfo, al año siguiente promulgó el Edicto de Milán por el cual se autorizaba el culto cristiano y cesaba la persecución.

Con Constantino, entonces, el Imperio Romano se convirtió al cristianismo. O, mejor, el cristianismo se convirtió en la religión del Imperio, oficializada por Teodosio en el año 380, al establecer la obligatoriedad de la fe cristiana para los ciudadanos romanos:

> Es nuestra voluntad que todas las gentes a quienes gobernamos practiquen la religión que el apóstol transmitió a los romanos. [...] El resto, a quienes consideramos dementes, serán víctimas de la venganza divina y del castigo dispuesto por nuestra iniciativa.

Las conversiones, así, ya no eran opción libre y personal como hasta entonces habían sido. Otras razones motivaban el bautismo, establecido como requisito de pertenencia al grupo social, con lo cual la fe cristiana, más que un estilo de vida de quienes se convertían a Cristo, pasó a ser una religión. Y religión estatal.

Porque con la intervención de Constantino y Teodosio, el Imperio se colocó bajo el signo de la cruz y, gracias al apoyo del poder temporal, la Iglesia se fortaleció y afianzó su prestigio. Comenzaron, entonces, los que se han llamado «siglos de cristiandad», cuando se difuminaron los linderos entre política y religión en un régimen de relaciones entre la Iglesia y el Estado que se conoce como «constantinismo».

Por eso, cuando las herejías amenazaban la unidad del imperio, entre otras cosas porque representaban un cierto regionalismo teológico, el emperador intervenía para velar por la unidad de la doctrina. Como cuando Constantino convocó y presidió el Concilio de Nicea, en el año 325, para acallar tensiones y establecer la unidad doctrinal. De esta reunión es la profesión de fe cristiana que todavía repetimos en el credo.

En el encuentro con el mundo romano debieron producirse cambios significativos en la organización de la comunidad, principalmente después de la paz de Constantino:

- Las conversiones masivas exigían mayor organización y el establecimiento de líneas de autoridad jerárquica que la comunidad tomó prestadas del modelo político.

- Implicó el paso del espacio privado de la comunidad doméstica al espacio público de la basílica romana que tradicionalmente había manifestado la dignidad de los gobernantes.

- Concedió privilegios a la nueva religión y a sus dirigentes, privilegios que probablemente contribuyeron a atraer vocaciones y a establecer una forma de relación entre las autoridades eclesiásticas y las autoridades civiles.

Fue así, entonces, como el nuevo ámbito de difusión del evangelio fue el Imperio Romano, que constituía el mundo entonces conocido: desde el océano Atlántico hasta las tierras de los asirios y los árabes, desde las costas de África hasta el Rin y el Danubio. Y cuando se creyó que el evangelio había sido propuesto y aceptado en el mundo conocido, que llegaba entonces hasta los confines del Imperio Romano, se calificó la religión de los cristianos como la «católica», o «universal», que es lo que significa esta palabra griega.

Por su localización en la capital del Imperio, la iglesia de Roma adquirió primacía sobre las iglesias ubicadas en otros lugares. Además, a Roma habían llegado Pedro y Pablo, los dos grandes apóstoles y allí recibieron el martirio durante la persecución de Nerón. Por todo ello, al obispo de Roma se le reconoció, desde muy temprano, autoridad sobre los obispos de las otras iglesias y, posteriormente, se le consideró cabeza de toda la Iglesia: de la «católica», que era la del Imperio.

El encuentro del mundo romano con el mundo bárbaro

Después de la conversión del Imperio Romano, el cristianismo continuó su expansión entre los llamados pueblos bárbaros, como eran conocidas las tribus germánicas que, empujadas por los hunos, invadieron el territorio de los romanos por sus fronteras del Danubio y del Rin, llegaron hasta Roma en el año 410 y produjeron la caída del Imperio.

En este encuentro del evangelio con el mundo bárbaro, las conversiones al cristianismo fueron, como la de Constantino, masivas. Clodoveo, rey de los francos, se convirtió en el año 496 y fue bautizado con tres mil guerreros en Rheims. También lo hizo Recaredo, rey de los godos, en el año 589, y obligó a sus súbditos a seguir su ejemplo. Y, como ellos, los demás pueblos que llegaron a Europa y allí echaron raíces también fueron adoptando el cristianismo como su religión, una religión que era la de todos y, por eso, se denominaba «católica».

Las conversiones de los pueblos que se instalaron en Europa durante este periodo fueron respuesta a la actividad misionera de monjes que recibieron del Papa el encargo de predicar el evangelio entre los nuevos dueños del continente europeo. En este encuentro, los evangelizadores se vieron en la necesidad de adaptar el mensaje del evangelio a los pueblos invasores a la vez que debieron acomodarse a la mentalidad y a las costumbres de la cultura germánica, facilitar las prácticas y tolerar ciertas tradiciones que terminaron mezclándose con el cristianismo, como se mezclaron el mundo bárbaro y el mundo romano para dar origen a la cultura que caracteriza el Medioevo europeo.

Ahora bien, las conversiones masivas de los pueblos bárbaros al cristianismo, como lo habían sido las del Imperio Romano, redujeron la fe cristiana a las exigencias externas de la fe, es decir, a la moral y al culto, pero sin repercusión en la vida, en parte porque la liturgia se convirtió en espectáculo para los fieles que no entendían el latín que los clérigos utilizaban y la conducta moral era una imposición motivada por el temor al castigo, por lo cual el testimonio de vida que daban los cristianos, empezando por el clero, no era el más edificante.

En este capítulo de su historia, la Iglesia sintió la necesidad de estructurarse y lo hizo según el modelo que la sociedad civil ofrecía. Encontró apoyo en el poder civil, que, a su vez, lo buscaba en su autoridad, lo cual permitió que llegara a confundirse la Iglesia con el Estado, el cristianismo con la cultura occidental, lo religioso con lo político.

Y el ámbito de consolidación y organización de la Iglesia, en el siglo IX, fue el Sacro Imperio Romano Germánico, con el que se prolongó el tipo de relación Iglesia-Estado que había tomado forma con la conversión del Imperio Romano al cristianismo, caracterizado por el mutuo apoyo del Papa y el Emperador y conocido como sistema de cristiandad.

Carlomagno, rey de los francos, quiso revivir el Imperio Romano y, para convertir su sueño en realidad, buscó la ayuda del Papa. Ahora bien, esto era fácil, pues un antepasado de Carlomagno, Pipino el Breve, había hecho donación al papa Esteban II, en el año 756, de las tierras donde estaba situada Roma y conocidas como los Estados Pontificios.

Como Constantino, Carlomagno quiso hacer del cristianismo la religión estatal e impuso, bajo pena de muerte, la conversión al cristianismo de los pueblos vencidos, con lo cual ya no sólo se trataba de conversiones masivas sino forzadas y como parte del botín de guerra.

Por otra parte, la reforma carolingia pretendía defender los principios cristianos propios del mundo romano y restaurar la moral del clero. En estas circunstancias, el papa León II buscó el apoyo de Carlomagno para reducir a sus enemigos y respaldó las ambiciones del rey franco, coronándolo emperador en el año 800.

Durante estos siglos llamados de cristiandad, se confundían el poder temporal y el poder eclesiástico, debido a que la donación de los Estados Pontificios había colocado al Papa en igualdad de condiciones con los demás señores temporales. Por otra parte, el sistema feudal y su organización social influyó no sólo en la organización de la Iglesia y en su relación con el poder civil sino en las motivaciones para ingresar al estado clerical por cuanto el cargo conllevaba rentas y prebendas, lo cual produjo la feudalización de obispos y sacerdotes, particularmente de los obispos, convertidos en príncipes seculares y señores eclesiásticos.

Fueron siglos oscuros: hombres indignos, atraídos por el poder, llegaron a ser nombrados obispos y papas, y las intrigas más bajas hicieron de la Iglesia de Roma una corte mundana llena de corrupción.

Pero también en estos siglos florecieron las comunidades religiosas en las que el evangelio cobraba nueva vida. Y mientras Roma traicionaba el evangelio y jugaba al poder temporal, en los monasterios y abadías se oraba: no sólo en las capillas sino en las bibliotecas, donde los monjes copistas transcribían y adornaban las páginas de la Escritura.

Por otra parte, esta época es testigo de la ruptura entre el cristianismo de Oriente y el cristianismo de Occidente. Ahora bien, las tensiones de griegos y romanos no eran solamente por cuestiones teológicas: había implicaciones políticas en las diferencias de Roma con Constantinopla. El cisma griego, iniciado con Focio, patriarca de Constantinopla, en el siglo IX, se protocolizó en el año 1054 con Miguel Cerulario, su sucesor como patriarca de Constantinopla, cuando la Iglesia griega —Iglesia ortodoxa griega, como se llamó y se sigue llamando— se separó de la Iglesia de Roma.

**El encuentro del mundo cristiano
con el mundo árabe**

Convertida Europa al cristianismo, el siguiente encuentro fue con el islam, un movimiento religioso que había surgido en el siglo VII en el mundo árabe y cuyo fundador, Mahoma, predicaba la fe en Alá, de quien se declaraba profeta. La convicción de que él y sus seguidores tenían la obligación de convertir el mundo a esa fe por la razón o por la fuerza, puso en movimiento la guerra santa que llevó a los seguidores del islam, o musulmanes, a instalarse en Egipto, Palestina, Siria, Irán, Irak, Pakistán, mientras en el otro extremo del Mediterráneo atravesaban el estrecho de Gibraltar, se apoderaban de España y llegaban hasta el norte de Francia.

La guerra santa de los musulmanes dio lugar a la respuesta de los cristianos amenazados en sus territorios. Por eso el encuentro del mundo cristiano con el mundo árabe fue un encuentro sangriento a lo largo de muchos siglos, si bien las tensiones, más que religiosas, eran de orden político.

En esta circunstancia, los reyes y los papas se lanzaron hacia Jerusalén en los siglos XI y XII a rescatar los lugares santos del poder árabe. Estas expediciones de ejércitos cristianos, conocidas como las cruzadas, se dirigieron hacia Oriente a morir para ir derecho al cielo o a hacer fortuna con el botín de guerra que obtendrían si derrotaban al enemigo.

Mientras tanto, en España, 781 años de lucha entre moros y cristianos constituyeron una gran cruzada que, se pensaba, tenía por objeto la defensa de la fe, aunque se trataba de una guerra por la tierra. Periodos de convivencia se sucedieron con los de apogeo de uno de los dos enemigos, hasta la salida del último rey moro, en 1492, cuando se consolidó la victoria del ejército cristiano al mando de los Reyes Católicos.

El mundo de la cristiandad medieval

Mientras los cruzados se fueron a Oriente a conquistar los lugares santos y, en España, los cristianos luchaban contra los moros, a lo largo de los siglos XII a XVI la Iglesia respondió a las nuevas circunstancias, testimoniando la fe cristiana en las catedrales que alzaban sus agujas al cielo; en las escuelas catedralicias y luego en las universidades donde se oraba y se reflexionaba sobre la fe; en la organización de la vida política y social que se confundía con la organización eclesial en el sistema de cristiandad que también caracterizó a la Europa medieval.

En el mundo de la cristiandad medieval, la Iglesia ejercía su influencia en todos los ámbitos y es difícil precisar límites entre el poder eclesiástico y el poder civil. Además, con el debilitamiento del poder real en el sistema feudal y la atomización de los Estados, el cristianismo se presentaba como factor de unidad —la fe común del continente europeo aglutinaba pueblos diversos— y el poder de la Iglesia, centralizado en Roma, se constituyó en instancia última para dirimir conflictos de todo tipo.

La Iglesia y el Estado eran dos caras de una misma realidad que, en más de una ocasión, se enfrentaron, como ocurrió con ocasión de la reforma de la Iglesia que emprendió Gregorio VII, quien ocupó la silla de Pedro entre 1073 y 1085, reforma que respondía al proyecto de establecer una teocracia o ciudad de Dios en la tierra bajo la autoridad del pontífice romano. Para lograrlo, era indispensable una revisión de la vida eclesiástica, entre cuyos puntos principales estaba el celibato de los clérigos con la consiguiente prohibición de los matrimonios de eclesiásticos, y la abolición de las investiduras por los laicos y a los laicos, con lo cual la autoridad romana podía contar con un clero libre de ataduras temporales y dispuesto a servir al papado. Con estas dos medidas, la reforma gregoriana permitió la centralización del poder eclesial en el papado.

Vale la pena recordar que, a las decisiones del Papa, se opuso el emperador Enrique IV y este enfrentamiento entre el poder temporal y el poder espiritual dio origen, entre otros, a conflictos como la querella de las investiduras: el emperador destituyó al Papa y el Papa depuso al Emperador, que, en reconocimiento de la superioridad papal, se humilló ante el Papa en Canosa el año 1077.

Hay que señalar, además, que durante los primeros siglos del primer milenio, surgieron en diversos lugares de Europa movimientos de protesta contra el poder de la Iglesia, como los valdenses, los petrobrusianos, los patarinos, los begardos y las beguinas, los cátaros o albigenses del sur de Francia, que cuestionaban la absolutización del poder por parte del clero y su vida disoluta. Para exterminar los errores de estos grupos, casi todos condenados como herejes, se creó el Tribunal de la Inquisición, tribunal civil encargado de velar por la doctrina para garantizar la unidad del mundo cristiano de la época. Si la uniformidad religiosa garantizaba la unidad social, las amenazas a la unidad religiosa ponían en peligro la unidad política que los Estados perseguían. Si bien este es el origen del Tribunal de la Inquisición, los excesos y el fanatismo de los inquisidores son un capítulo nefasto de la historia del cristianismo, que se explica pero no se justifica, por la relación que existía entre el poder eclesiástico y el poder civil, mutuamente dependientes para defender intereses que les eran comunes.

Por otra parte, es probable que la mentalidad caballeresca de la nobleza, ocupada en hacer la guerra, convirtiera a la Iglesia en guardiana de la cultura occidental y en depositaria del saber de su tiempo. Por eso en los conventos y abadías medievales, como también en las escuelas monacales y catedralicias, maestros y doctores discutían sobre todos los aspectos del saber humano bajo la tutela de la ciencia teológica y de la Iglesia, al mismo tiempo que adquirían el saber de su tiempo y se preparaban en las ciencias sagradas, e intentaban establecer el diálogo entre el pensamiento griego que los árabes habían puesto a su disposición y la doctrina cristiana. De estas escuelas nacieron las universidades, en las que profesores y alumnos se daban a la tarea de discutir, probar con argumentos y sistematizar los conocimientos en las Sumas o compendios del saber universal, lo que, con la traducción de las obras de Aristóteles, llevó a su esplendor el método escolástico: Tomás de Aquino fue el genio de esta empresa al traducir el mensaje cristiano a las categorías aristotélicas.

Además, y para mantener la unidad doctrinal, surgió la necesidad de un texto escrito, es decir, un catecismo, cuya finalidad, según disposición del Concilio de Tortosa, en 1492, era «que todos los fieles sepan lo que deben creer, esto es, los artículos de la fe; lo que deben pedir, a saber, lo que el Señor nos enseñó en la Oración Dominical; lo que deben observar, que son los preceptos del decálogo; lo que han de evitar: los siete pecados; lo que deben desear y esperar: la gloria del paraíso, y lo que han de temer, que son las penas del infierno». Con ello, la fe cristiana se convirtió en asunto individual y la moral se redujo al cumplimiento de los diez mandamientos para evitar las penas del infierno con el que Dios había de castigar a los transgresores.

El encuentro de la Europa cristiana con la Edad Moderna

La Edad Moderna cuestionó el régimen de cristiandad y las nuevas ideologías desplazaron la fe y la religión del puesto que durante mucho más de mil años habían ocupado. El surgimiento de los Estados modernos y el consiguiente debilitamiento de la supremacía del Papa habían señalado, desde el siglo XIV, el final del sistema de cristiandad y el nacimiento del espíritu laico, caracterizado por el reconocimiento de la independencia del Estado frente al poder eclesiástico.

Fueron siglos difíciles para la Iglesia, que se vio enfrentada al cuestionamiento de la autoridad pontificia y enredada en luchas y divisiones como el destierro de Avignon y el Cisma de Occidente (1378-1417). Época, también, en que la irrupción de nuevas ideologías y corrientes de pensamiento cuestionaron la visión teocéntrica defendida por la Iglesia y fraguaron opiniones a veces atrevidas que la Iglesia católica condenó como errores y que fueron precursoras de la reforma protestante. Época, además, en la que se oyeron nuevas voces de protesta contra la vida libertina del clero.

Entre estas voces atrevidas y de protesta, hay que mencionar, entre otros, a los siguientes autores:

- Marsilio de Padua y Juan de Jandun, quienes consideraban que la soberanía está en el pueblo más que en el Papa y el emperador, por encima de los principios teocráticos que regían la organización social.

- Guillermo de Ockam, quien criticó la organización jerárquica de la Iglesia y enfrentó la teología con la razón.

- Erasmo de Rotterdam, representante del humanismo renacentista y crítico agudo de la vida de los eclesiásticos.

- Wycliff y Hus, que también manifestaron sus críticas a la organización jerárquica de la Iglesia.

- Martín Lutero, la figura más representativa en su posición anticlerical y antijerárquica.

Comoquiera que las principales críticas de Lutero cuestionaban la vida cortesana del siglo XVI que se había adueñado de la Iglesia de Roma, donde intrigas palaciegas y de alcoba, así como la preocupación compartida con las demás cortes europeas por las obras de arte que eternizaran la memoria de sus patrocinadores, escribieron un triste capítulo en la historia del cristianismo.

Los más notables artistas habían sido llamados para la construcción de la Basílica de san Pedro en Roma, construcción que dejó saldo rojo en las arcas de la Iglesia, el papa León X pidió la contribución de los fieles para terminar la obra y cancelar las deudas con los banqueros que habían adelantado el dinero. A manera de contraprestación, a los donantes se les ofrecía, del tesoro espiritual de la Iglesia, una indulgencia o amnistía por sus pecados. En Alemania hubo rechazo hacia la propuesta de la Iglesia de Roma, rechazo que fue encabezado por Martín Lutero y respaldado por los príncipes alemanes que se negaban a financiar las aficiones artísticas de los pontífices.

Pero también Lutero criticó al Papa y propuso una reforma de la vida de la Iglesia. Entonces Roma condenó a Lutero, con lo cual sus críticas se hicieron más violentas. Y habría ido a la hoguera si no hubiera contado con el apoyo del príncipe Federico III de Sajonia. Efecto de esta intervención fue la Dieta de Worms, convocada por el emperador Carlos V en 1521 —nuevamente la alianza entre el poder civil y el poder eclesiástico— para convencer a Lutero de su error. El rebelde no se detractó y el emperador hizo un nuevo intento para restablecer la unidad religiosa en la Dieta de Spira en 1529 y otro en la Dieta de Augsburgo, en 1530, donde los príncipes convocados a esta reunión, que habían adoptado las reformas de Lutero y protestaron contra la decisión de la Dieta de Augsburgo, recibieron el nombre de protestantes.

Como consecuencia, se produjo la separación de Roma que no fue sólo por razones doctrinales sino políticas, pues además de la coyuntura histórica del Renacimiento romano existía el antagonismo entre germanos y latinos. Y al lado de Lutero se ubicaron otros grupos que se declaraban reformadores y que también se separaron de Roma, como Calvino, Zwinglio y Melanchtón.

A esta nueva división de la Iglesia sucedió la separación de la Iglesia de Inglaterra de la Iglesia de Roma. Un enredo amoroso del rey Enrique VIII, pero también una circunstancia política como era el matrimonio del rey inglés con la hija de los reyes de España, desató el conflicto con Roma que terminó con la ruptura definitiva del cristianismo inglés.

Estas rupturas despertaron las conciencias de los católicos romanos y la Iglesia católica sintió la urgencia de hacer las reformas necesarias, para lo cual fue convocado el Concilio de Trento, que sesionó entre 1545 y 1563, y en el que los obispos se dieron a la tarea de proponer la fe católica, siempre en respuesta a las doctrinas de los reformadores y, como el mismo Concilio precisó, para «la extirpación de las herejías y la reforma de las costumbres».

Y la doctrina establecida en las aulas conciliares pasó al *Catecismo Romano* o *Catecismo de Trento* y a otros catecismos, como el de Ripalda o el de Astete en los que se fundamentó la fe y la práctica de los católicos durante los siguientes cinco siglos.

La persecución desatada en algunos países europeos contra los simpatizantes de la reforma protestante obligó a muchos de ellos a emigrar hacia otros continentes en busca de tolerancia para su práctica religiosa, tolerancia que pudieron encontrar en las tierras del norte de América y en el sur del África, donde su mismo credo religioso fue motor de civilización.

El encuentro del mundo europeo y el mundo americano

En las naves de los conquistadores que llegaron al continente americano venían los misioneros con el encargo de convertir al cristianismo a los habitantes de las tierras recién descubiertas. El papa Alejandro VI había confiado esta misión a los españoles, mientras a los navegantes portugueses les encomendó igual tarea en las tierras de Oriente. Y a ambos países, junto con la misión evangelizadora, les entregó las tierras en propiedad. Pero mientras Portugal intercambiaba productos, los conquistadores españoles recogían el botín de guerra de los vencidos y los sometían.

En virtud del Patronato Regio por el cual el Papa había confiado a los reyes de España las tierras descubiertas por Colón, el conquistador español leía el siguiente «requerimiento» a los pobladores de Indias al tomar posesión de su territorio, fundamentando en un derecho divino la autoridad que iba a ejercer sobre los indios:

> Dios Nuestro Señor, Uno y Eterno, *crio* (sic) el cielo y la tierra y un hombre y una mujer de quienes nosotros y vosotros y todos los hombres del mundo fueron y son descendientes. [...] De todas estas gentes Dios Nuestro Señor dio cargo a uno que fue llamado san Pedro para que de todos los hombres del mundo fuese señor y superior a quien todos obedeciesen y fuese cabeza del linaje humano, doquier que los hombres estuviesen y viviesen. [...] Todos los otros que después de él fueron al pontificiado elegidos, su superioridad fue la misma que la del primer Papa. Uno de los pontífices como señor del mundo, hizo donación de estas islas y tierra firme del mar océano a los católicos reyes de Castilla.

El conquistador anunciaba, además, favores y mercedes a quienes aceptaran a los recién llegados como sus señores, pero también claramente amenazaba:

> Si no hiciéredes, o en ellos dilación pusiéredes, certificoos que, con el ayuda de Dios, yo entraré poderosamente contra vosotros y vos haré guerra y vos sujetaré al yugo y obediencia de la Iglesia y de Su Majestad, y tomaré vuestras

mujeres e hijos y los haré esclavos y vos tomaré vuestros bienes y vos haré todos los males y daños que pudiere, como a vasallos que no obedecen ni quieren recibir a su Señor.

Y los indios que oponían resistencia, morían degollados por los españoles, mientras otros se lanzaban a los abismos o, como narra el cronista fray Pedro Simón, cuando los soldados de Robledo se asomaron a las sabanas del Valle de Aburrá «se ahorcaron con sus mantas, de espanto a los españoles».

Lamentablemente, así fue el encuentro del mundo europeo y el mundo americano. Los capitanes españoles venían a ensanchar los dominios del emperador Carlos V y los misioneros que llegaron con ellos venían a convertir a sus pobladores a la fe cristiana. Pero la «doctrina» sirvió para manipular al indígena y someterlo. Porque, una vez más, la espada y la cruz se unieron para doblegar a los primitivos habitantes, imponiéndoles los patrones de la civilización occidental y despojándolos, entre otras, de sus prácticas religiosas y de su organización familiar.

Los catecismos que trajeron los misioneros para adoctrinar a los indios y otros que se redactaron en suelo americano contenían las verdades de la fe que debían aprender para «recibir» los sacramentos, así como los mandamientos que era necesario cumplir para salvarse, pero la intención, como lo expresaba el primer catecismo publicado en el Nuevo Reino de Granada por el arzobispo Luis Zapata de Cárdenas, en 1576, era proponer lo que «el sacerdote debe hacer para enseñar a los indios la *pulicía* (sic) humana y divina», es decir, para civilizarlos y evangelizarlos. Lo cual implicaba una ruptura con su propia cultura mediante la cristianización de sus imaginarios.

Es de suponer el choque que debió producirse entre la mentalidad indígena y la de los misioneros, entre las costumbres de los pueblos que con ocasión del descubrimiento del continente americano se convirtieron al cristianismo y las costumbres traídas de Europa. Las tremendas dificultades que unos y otros debieron experimentar dieron como resultado el triunfo de prácticas y criterios foráneos sobre las tradiciones y valores de los aborígenes. Por eso la conversión de los pueblos americanos al cristianismo no fue una decisión libre sino la imposición del vencedor sobre el vencido.

Este avasallamiento de la cultura indígena con su religión y sus costumbres por la religión y las costumbres de la cultura peninsular ocurrió porque el encuentro entre el mundo occidental europeo y el mundo aborigen tuvo carácter de cruzada: al fin y al cabo, los conquistadores españoles que vinieron a América eran descendientes de los que habían luchado contra los moros, o, a lo mejor, eran conversos que ocultaron su origen pues para venir a las Indias debían demostrar «limpieza de sangre».

Pero principalmente, porque el mapa religioso y cultural de la Europa cristiana medieval se caracterizaba por la uniformidad: se hablaba una misma lengua, se adoraba a un mismo Dios, sus habitantes pertenecían a una misma raza y se acataba una misma autoridad, la del Papa, que era reconocida como superior a la de reyes y emperadores en esta sociedad teocrática. Pero también había una sola filosofía universal y perenne y la Iglesia había debido asumir el papel de guardiana de la cultura occidental y depositaria del saber de su tiempo, por lo cual había que desterrar, perseguir y condenar cualquier peligro para la unidad: contra los enemigos externos, que pertenecían a otra raza y profesaban otra religión se habían organizado las cruzadas; contra los enemigos internos, que se levantaban como amenaza porque pensaban distinto, se había creado el Tribunal de la Inquisición. Y los habitantes del Nuevo Mundo pertenecían a otra raza, profesaban otra religión, pensaban y actuaban distinto.

Evidentemente los misioneros llamaron la atención respecto a la voracidad de los conquistadores y a las situaciones de injusticia de orden social y político, y su intervención en la defensa de los derechos de los indios fue de gran importancia, pues sus gestiones, especialmente las del padre Las Casas, pusieron coto a la ambición y crueldad de muchos conquistadores.

El encuentro del cristianismo con el mundo oriental y con los pueblos africanos y australianos

El encuentro del cristianismo con el mundo oriental fue casi contemporáneo del encuentro con el mundo americano y promovido por la misma bula del papa Alejandro VI que entregó a los españoles el territorio americano. Pero también motivado por el comercio de especias que llevó a los portugueses a dirigirse hacia Oriente, donde encontraron pueblos con culturas milenarias que supieron respetar.

Francisco Javier, compañero de Ignacio de Loyola y jesuita como él, se embarcó hacia Oriente a conquistar las almas para la fe cristiana. En 1542 llegó a Goa, capital del imperio portugués de la India, y en los años siguientes bautizó miles y miles de sus habitantes. Este misionero alcanzó a llegar al Japón y, después de su muerte, sus compañeros jesuitas pudieron entrar a la China, donde se hicieron famosos por su ciencia, pero no lograron conversiones. En cambio, sí iniciaron un diálogo con la cultura china, diálogo que no fue del agrado de las autoridades de Roma debido a la visión que por entonces se tenía de las relaciones interculturales.

La tarea misionera de esa época sembró la semilla del cristianismo en Asia, tarea continuada y fortalecida por nuevas generaciones de misioneros que en los siglos siguientes establecieron importantes comunidades de creyentes que conviven, hoy, con seguidores de las religiones de ancestro oriental.

Tiempo después, con la colonización europea y, en algunos casos, debido a las persecuciones religiosas con ocasión de la reforma protestante, el cristianismo llegó a África y Oceanía. Unas veces los misioneros eran católicos romanos, otras veces anglicanos, pero principalmente pertenecientes a una de las numerosas confesiones protestantes y que huían de la persecución, pero todos igualmente comprometidos en tareas de promoción humana.

Si se cometieron atropellos, como se habían cometido en América, ello se debió a la confusión entre civilización, occidentalización y evangelización que los misioneros tenían. Por eso, al implantar formas occidentales, desconocieron los valores de las culturas con las cuales entraban en contacto, mostrando, con ello, la actitud triunfalista que caracterizó al europeo de los siglos pasados y que también manifestaban los misioneros, generalmente europeos.

El encuentro del mundo católico con la Edad de la Razón

En el periodo comprendido entre el siglo XVII y el siglo XIX, la Iglesia católica defendió la doctrina y las costumbres de cara a un mundo en el que Dios resultó desplazado por la ciencia y el poder eclesiástico se vio reemplazado por el poder civil.

Con el movimiento de la Ilustración, la Iglesia se vio relegada hasta querer el estado hacerla depender de su autoridad en el siglo XVIII y la Revolución Francesa hizo eco a la Ilustración con su ataque contra la Iglesia —o mejor, contra la jerarquía eclesiástica—, más comprometida con la monarquía que con los intereses del pueblo, si bien el lema de la revolución, con sus consignas de libertad, igualdad y fraternidad, ciertamente no chocaba con el mensaje del evangelio.

La Iglesia del siglo XIX tuvo que hacer frente, entre otras, al racionalismo, a las ideas liberales, a los movimientos socialistas y a la ciencia moderna que cuestionaba la tradición católica. No obstante, en este siglo hubo un resurgimiento de la relación entre la Iglesia y el Estado que el siglo XVIII había querido desmontar: el poder temporal, representado en Napoleón, recurrió al Papa para poder afianzar su suprema autoridad y la coronación del emperador Napoleón por el papa Pío VII —que, a pesar de que el Papa se trasladó a Francia, no se llevó a cabo, porque el Emperador le arrebató la corona y se la puso él mismo— consolidó una vez más el régimen de cristiandad.

Por otra parte, la Iglesia manifestó su preocupación por la situación de los trabajadores con la publicación de la encíclica *Rerum Novarum* de León XIII en 1893, inaugurando una serie de documentos en relación con los problemas sociales en los que propuso lo que para la época eran ideas de avanzada que a muchos escandalizaron y otros tantos ignoraron.

Este periodo termina con el encuentro con un mundo en el que no había lugar para Dios. Por eso la religión se encerró en las sacristías, mientras la Iglesia católica hacía gala de triunfalismo e intransigencia, asumiendo la defensa de la fe en tono apologético, declarando la infalibilidad del Papa en el Concilio Vaticano I, en 1870, y condenando las ideas que pudieran apartarse de la enseñanza tradicional, como el materialismo, el naturalismo, el modernismo, el racionalismo y el comunismo.

En estas circunstancias, la fe quedó reducida a haber recibido el bautismo y los demás sacramentos, en una Iglesia conformada por el clero y en la que los laicos no eran sino receptores de los sacramentos administrados por la jerarquía de la Iglesia y cuyas enseñanzas tenían que obedecer.

El encuentro de la Iglesia católica con las circunstancias del mundo actual

Los cambios en la estructura familiar y social, la promoción de la mujer, los nuevos conocimientos y los avances tecnológicos, los aportes de la filosofía, la psicología y la antropología, como también cambios muy significativos en el mapamundi religioso y cultural tenían que repercutir en la forma como la Iglesia está llamada a realizar su tarea y señalarle nuevos derroteros en el mundo actual.

Desde la primera mitad de siglo XX, teólogos y pensadores católicos, el más ilustre de los cuales fue Teilhard de Chardin, venían preparando el gran cambio que la Iglesia daría en sus relaciones con el mundo y sentaron las bases para dar respuesta a las preocupaciones de los hombres y las mujeres de la segunda mitad del siglo XX.

Y porque la tarea de la Iglesia católica no podía quedarse rezagada mientras la historia seguía su rumbo, el Concilio Vaticano II fue convocado para lo que se llamó el *aggiornamento* de la Iglesia: con criterios trasnochados de más de cuatrocientos años no podía dialogar con el mundo contemporáneo. La Iglesia tenía que ponerse al día con respecto a los cambios experimentados en el mundo y ofrecer en un lenguaje nuevo las buenas noticias del amor de Dios.

El Concilio Vaticano II, celebrado en la década de los sesenta y respondiendo a las circunstancias socioculturales de la segunda mitad del siglo XX, propuso algunas reformas necesarias y, al volver la mirada hacia sus orígenes, redescubrió una Iglesia que estaba oscurecida por las prácticas de los últimos siglos:

- Una Iglesia cuya misión es la comunión —comunión con Dios y comunión fraterna— como pueblo de Dios y como sacramento, es decir, signo e instrumento de la unión de las personas entre sí y con Dios.

- Una Iglesia que es comunidad servidora en la que cada uno de sus miembros —todos los bautizados— está comprometido en hacer presente en el mundo el amor y la salvación de Dios.

- Una Iglesia peregrina, en diálogo con todos los hombres y mujeres de buena voluntad que trabajan por la paz.

- Una Iglesia que no se identifica ni puede estar comprometida con ningún poder.

- Una Iglesia que tiene que responder a las necesidades de promoción humana, justicia y solidaridad, al mismo tiempo que comprometida con los pobres y en la búsqueda de la paz.

En los últimos años, la Iglesia católica se ha encontrado con un mundo marcado por la pluriculturalidad: convivimos en medio de la diversidad cultural y/o estamos expuestos al influjo de otras culturas a través de los medios de comunicación, tanto de los audiovisuales como de los de transporte. Además, la sociedad postmoderna en la que nos movemos, se caracteriza por la fragmentación de cosmovisiones globales, la relativización de cualquier absoluto y la consiguiente flexibilidad frente a diversas opciones, entre ellas las diversas ofertas religiosas. Un mundo multiétnico, multicultural y multirreligioso, lo cual plantea situaciones conflictivas entre las diferentes tradiciones religiosas, como los fundamentalismos y fanatismos principalmente de movimientos restauracionistas o debido a presiones de carácter político, económico o incluso racial.

En este nuevo mapamundi religioso y cultural, el catolicismo ya no es la religión de las mayorías. Por el contrario, los habitantes del mundo actual pertenecen, en su gran mayoría, a religiones distintas del cristianismo. Hay lugares donde la religión católica es la de una minoría, lugares donde los católicos son, todavía, la inmensa mayoría, e incluso lugares donde, simultáneamente, son seguidores de otros cultos. Pero también hay lugares donde coexisten diversas culturas y religiones, con sus correspondientes cosmovisiones, en escenarios claramente pluralistas.

Y a estas nuevas circunstancias la fe cristiana también tendrá que responder y probablemente adaptarse, fiel al mensaje de Jesús y con la fuerza del Espíritu Santo que, así como puso en movimiento a los primeros seguidores de Jesús, continúa guiando a la Iglesia para realizar su misión: unir a las personas con Dios y unirnos como comunidad de hermanas y hermanos en el amor.

Segunda Parte

LAS PREGUNTAS DE LOS HIJOS Y LOS NIETOS

Los hijos nos bombardean con todo tipo de preguntas, muchas de las cuales nos sacuden a los papás y a los abuelos, particularmente las de carácter religioso, porque involucran nuestras propias convicciones y porque son preguntas que también nosotros nos planteamos.

Ayudarles a buscar respuestas para este tipo de preguntas es el propósito de esta segunda parte, organizando preguntas y respuestas en tres tipos de preguntas —las preguntas de los más chiquitos, las preguntas de los hijos cuando se preparan para la primera comunión, y las preguntas de los adolescentes—, y cada uno de estos momentos en diez temas que, como se anotaba en la **Presentación**, recogen el contenido de la tradición católica e incluyen referencias a otras confesiones religiosas.

1. Preguntas de los más chiquitos

Las preguntas de los más chiquitos parecen inocentes e ingenuas pero nos atortolan a los papás. Y a mí, que soy abuela y teóloga, también me dejan callada. ¿Qué responder? Por fortuna no esperan grandes disquisiciones sino respuestas honestas de parte de sus papás o sus abuelos.

El orden en que se estructuran las preguntas y respuestas es el siguiente:

1) La diversidad religiosa.

2) La fe, entendida como confiar y no sólo como fe religiosa.

3) El libro de la Biblia y sus historias.

4) El primer encuentro con Jesús en las historias que recordamos en Navidad y Semana Santa.

5) Las preguntas acerca de Dios.

6) La Iglesia a la que pertenecen, como elemento de identidad.

7) Cuándo empezar a ir a misa.

8) Cuándo empezar a educar en la fe y el amor.

9) Las primeras oraciones.

10) El tema de la muerte.

¿Por qué los vecinos van a rezar en otras Iglesias?

Es muy posible que surja esta pregunta cuando los niños ven que los vecinos van a rezar a una iglesia distinta de la que frecuenta su familia: ¿por qué los vecinos van a rezar en otras iglesias?, ¿por qué pertenecen a otra religión?

También es posible que conozcan una familia que habla en una lengua distinta al idioma que habla su familia o que pertenece a una etnia distinta a la que pertenece su familia. A lo mejor también pregunten: ¿por qué hablan de una manera diferente a como nosotros hablamos?, ¿por qué su aspecto es diferente al nuestro?

Porque hay diversidad de etnias, de lenguas, de religiones.

Y es bueno que, desde chiquitos, se acostumbren a convivir con la diversidad y entiendan el pluralismo sin necesidad de grandes teorías sociológicas. Además, esta toma de conciencia permite aprender a convivir con las diferencias, al mismo tiempo que a tolerar que las demás personas piensen y actúen de otras maneras, o tengan otras creencias.

Aprender a confiar o a desconfiar

Los más chiquitos no están preocupados por definir qué es la fe, pero sí están aprendiendo a confiar o a desconfiar, a amar o a ser egoístas, a esperar en las cosas buenas que les ofrecen las personas que los quieren o a tenerles miedo.

Confían en quienes siempre les dicen la verdad y no los engañan, en quienes actúan con honestidad, en quienes los aman, en quienes quieren, generosamente, el bien de los niños y las niñas antes que su propia comodidad o su propio prestigio.

¿Recuerdan un texto que habla de cómo un niño o una niña percibe y reproduce las actitudes de los mayores? Es de autor desconocido y dice así:

Si un niño o una niña viven criticados, aprenden a condenar.

Si un niño o una niña viven sintiendo hostilidad, aprenden a agredir.

Si un niño o una niña viven sintiéndose avergonzados, aprenden a sentirse culpables.

Si un niño o una niña viven sintiéndose ridiculizados, aprenden a ser apocados.

Si un niño o una niña viven atemorizados, aprenden a desconfiar de las demás personas.

Si un niño o una niña viven sintiéndose atacados, aprenden a agredir.

Si un niño o una niña viven sintiéndose compadecidos, aprenden a tenerse lástima.

Si un niño o una niña viven con tolerancia, aprenden a ser tolerantes.

Si un niño o una niña viven sintiéndose estimulados, aprenden a confiar en sí mismos.

Si un niño o una niña viven sintiéndose apreciados, aprenden a apreciar.

Si un niño o una niña viven en un ambiente de equidad y justicia, aprenden a ser justos.

Si un niño o una niña viven sintiendo seguridad, aprenden a creer en sí mismos.

Si un niño o una niña viven sintiendo aprobación, aprenden a quererse.

Si un niño o una niña viven sintiendo reconocimiento, aprenden a aceptarse y a aceptar a los demás.

Si un niño o una niña reciben respeto, aprenden a respetar.

Si un niño o una niña viven en un ambiente de honradez, aprenden a ser honrados.

Si un niño o una niña reciben amor, aprenden a amar a los que los rodean.

Si un niño o una niña viven en ambiente de aceptación, aprenden que el mundo es un lugar agradable para vivir y, lo más importante, van a contribuir a hacer realidad este ideal.

Las historias del libro de la Biblia para los más chiquitines

En todas las casas suele haber un libro de la Biblia que los niños pueden aprender a identificar como un libro que es igual a cualquier otro libro pero distinto a todos por su contenido: porque habla del amor de Dios y cuenta las historias del amor de Dios.

Algunas veces, las editoriales publican una selección de estas historias, con letras grandes y con dibujos, para que, cuando aprendan a leer, las tengan a su alcance.

Uno de los personajes de estas historias bíblicas es muy conocido porque los fabricantes de juguetes han puesto en el mercado «arcas de Noé» para que jueguen los más chiquitines.

En los estantes de los almacenes he visto arcas de Noé de plástico, de tela, en madera, con música, en forma de marionetas, libros animados y para pintar.

También he visto arcas de Noé entre los juguetes de mis nietos y, jugando, les he contado, así, el cuento de Noé y su familia:

> Había una vez una familia formada por Noé, su esposa, tres hijos que se llamaban Sem, Cam y Jafet, y sus esposas.
>
> Un día, Noé estaba en su taller cuando Dios le dijo: «Tienes que hacer un barco muy grande para que tu familia y los animales se salven del diluvio».
>
> Y Dios le dio a Noé las instrucciones para construir el barco.
>
> Cuando el arca de Noé estuvo lista, subieron en fila un gallo y una gallina, un toro y una vaca, un gato y una gata, una pareja de perritos y una de burritos, un caballo y una yegua, un león y una leona, un oso y una osa, un palomo y una

paloma, y muchas, muchas otras parejas de animales, grandes y chiquitos.

También subieron Noé, la esposa de Noé, los tres hijos de Noé y sus esposas.

Entonces cerraron las puertas y comenzó a llover y llover y llover durante cuarenta días y cuarenta noches. Llovió tanto, que no se veían los árboles ni la tierra. Sólo se veía agua.

Cuando dejó de llover, Noé abrió una ventana y soltó una paloma para que buscara un lugar dónde desembarcar. Tres días después, cuando regresó la paloma con una ramita de olivo en el pico, Noé entendió que ese era el mensaje de Dios y que si seguía el vuelo de la paloma podría encontrar un lugar seco para desembarcar con su familia y con todos los animales.

Al llegar a ese lugar donde pudieron desembarcar, Noé y su familia dieron gracias a Dios porque los salvó del diluvio.

Y Dios puso en el cielo el arco iris en señal de que nunca más habría un diluvio tan terrible.

Primer encuentro con Jesús

Casi siempre, el primer encuentro de los hijos con Jesús, cuando son chiquitos, es con ocasión de las fiestas de Navidad y la celebración de la Semana Santa.

Alguna película en la televisión, el pesebre, incluso la publicidad con la que, en Navidad y en Semana Santa, el comercio bombardea a los consumidores, les muestra a Jesús niño y a Jesús en la cruz.

Y como en estas temporadas no es fácil permanecer ajenos a los acontecimientos que se conmemoran, podrían contarles las historias que recordamos en Navidad y en Semana Santa.

Sin duda alguna, ustedes conocen ambas historias y se las pueden contar, pero aquí va una ayuda:

- Una sugerencia es recordarles la historia de Navidad cuando están poniendo las figuritas en el pesebre o sugerirles que dibujen las escenas. Esta historia que recordamos en Navidad es la historia del nacimiento de Jesús que nos cuentan dos evangelistas, Lucas y Mateo, que escribieron sobre Jesús una historia que ocurrió hace dos mil años, pero que los cristianos recordamos todos los años y cuyos protagonistas conocen los niños porque son los personajes del pesebre, si bien su actor principal es el amor de Dios que se hizo niño para que nosotros nos amemos.

- Y la sugerencia para contarles la historia que recordamos en Semana Santa, y que probablemente también la conocen los más chiquitos, es que pinten las tres escenas que se conmemoran durante la semana y cuyo protagonista es Jesús: la primera es la última comida de Jesús y sus discípulos; la segunda es el juicio contra Jesús que concluyó en la cruz; la tercera es la resurrección de Jesús. Estas son las dos historias:

La historia de Jesús que recordamos en Navidad

Los dos primeros personajes que entran en escena son José y María, que vivían en Nazaret y esperaban su primer hijo.

Como el rey había ordenado que todos los habitantes del país tenían que a ir a pagar los impuestos al pueblo de donde venía su familia, José tuvo que viajar a Belén, la ciudad de la cual provenía su familia, y María lo acompañó montada en un burrito, que es otra de las figuras del pesebre.

Los otros personajes son los pastores y las ovejas que estaban cuidando cerca de Belén. Con la leche de las ovejas hacían queso para quitarse el hambre y con la lana de las ovejas tejían cobijas para quitarse el frío. Después de rezar sus oraciones, por la noche miraban las estrellas para no quedarse dormidos y sentían que Dios estaba siempre con ellos.

En el pesebre nunca faltan los Reyes Magos con sus camellos. Eran unos sabios que vivían en tierras lejanas y que estudiaban el cielo y las estrellas. Ellos supieron que Jesús iba a nacer en Belén y viajaron en sus camellos cargados de regalos. Dice la leyenda que eran tres y que sus nombres eran Melchor, Gaspar y Baltasar.

Tampoco falta en el pesebre la noche estrellada y una estrella que brilla más que todas las demás, pues su encargo es guiar a los sabios por el camino que lleva a Belén.

Y hay ángeles. Son mensajeros de Dios enviados a anunciar a los pastores y a todos los hombres y las mujeres el nacimiento del hijo de Dios. «Gloria a Dios en el cielo y en la tierra paz a los hombres y mujeres de buena voluntad», cantaban los ángeles a voz en cuello cuando Jesús nació.

La vaquita del establo de Belén era la que rumiaba la paja que sus dueños le habían puesto en el comedero o pesebre que iba a servir de cuna al niño que iba a nacer en el establo de Belén.

El último en llegar es el niño que nació en el pesebre y a quien sus papás le pusieron el nombre de Jesús: es Dios hecho niño por amor para que todos nos amemos y tratemos de hacernos felices los unos a los otros.

La historia de Jesús que recordamos en Semana Santa

Sucedió hace muchos, muchísimos años, cuando Jesús invitó a sus amigos a una comida que sería la última antes de su muerte.

En la mesa estaban el pan y el vino que prepararon los discípulos a quienes Jesús encargó realizar esta tarea.

Los doce invitados fueron llegando: Simón Pedro, Santiago, Juan, Andrés, Felipe, Bartolomé, Mateo, Tomás, Santiago Alfeo, Tadeo, Simón Cananeo, Judas Iscariote.

Todos estaban muy felices porque estaban reunidos, como cuando estamos felices porque nos reunimos en familia.

Estando reunidos, Jesús les dijo: «En este pan yo estoy presente para que cada vez que ustedes coman de este pan se acuerden de mí y de cómo tienen que amarse».

En esa comida todos comieron el pan y se sintieron muy unidos en el amor de Jesús, que es lo que sentimos cuando vamos a la misa y hacemos lo mismo que hicieron los primeros doce amigos de Jesús para sentirnos unidos en su amor.

A muchas personas que conocieron a Jesús no les gustaba lo que él enseñaba y para que no hablara más de amar y perdonar, de no pelear y compartir, lo mandaron matar.

Esas personas a las que molestaba la enseñanza de Jesús, lo llevaron donde Poncio Pilato para que lo condenara a morir en la cruz como un malhechor. Entonces Pilato entregó a Jesús a los soldados, que se burlaron de él, le pusieron una corona de espinas, lo obligaron a cargar la cruz y a caminar hasta el lugar donde lo iban a matar.

Y Jesús murió en la cruz como un malhechor, con otros dos malhechores.

Murió para que nosotros aprendiéramos a amarnos los unos a los otros, a perdonarnos, a no pelear, a compartir.

Después de la muerte de Jesús, sus amigos se reunieron para recordar la última comida con Jesús, comer el pan y no olvidar lo que les había enseñado. Entonces sintieron que Jesús estaba vivo. Y corrieron a contar que Jesús no estaba muerto, que Jesús resucitó, que estaba con ellos.

También Jesús resucitado está con nosotros hoy. Vive en nuestros corazones. Y está presente en la eucaristía y en la Iglesia en cuanto comunidad de fe.

¿De qué color es Dios?

«Dios es verde», declaró solemnemente uno de mis hijos cuando apenas empezaba a hablar. ¿Por qué verde?, le pregunté al oír su «afirmación teológica». Con mucha seriedad, mirando hacia el cielo, dijo: «Porque el cielo es verde». Y siguió jugando con sus carros sin volver a preocupar del color de Dios mientras yo tuve que guardar silencio ante su experiencia de Dios.

Pero frente a otras preguntas, no es posible callar: ¿quién hizo a Dios?, ¿dónde está Dios?, ¿es verdad que el Niño Dios es el que trae los regalos en Navidad?

Para un niño o una niña, que está averiguando la causa de todo lo que ve y necesita darle una ubicación concreta, la eternidad de Dios y «el más allá» donde está Dios resultan difíciles de captar. Pero si les respondemos que a Dios nadie lo hizo porque existía antes de todo lo que vemos, posiblemente quede satisfecha su curiosidad.

Más complicado es responder a la pregunta sobre el Niño Dios que trae los regalos en Navidad, esa tradición que tenemos en algunos países católicos y de habla española pero que está siendo desplazada por Papá Noel o Santa Claus. O tener que explicarles el porqué ese Niño Dios trae bicicletas a los niños ricos y muchas veces no llega a las casas de los niños pobres.

Se les podría responder que es una vieja costumbre decir que los regalos que los papás dan a sus hijos en Navidad se los trae el Niño Dios. Y que, por eso, no todos los regalos son iguales, como en justicia debería ser.

¿Por qué vamos a la iglesia?

El lugar donde nos reunimos los cristianos para rezar y para sentirnos unidos con Dios y con las demás personas se llama iglesia.

También así se llama el grupo de las personas que creemos en Jesús y en el Padre Dios: somos todos los bautizados y las bautizadas de las diferentes confesiones o grupos cristianos, como los católicos, los luteranos, los anglicanos y otras muchas Iglesias.

De este grupo o comunidad que es la Iglesia, forman parte los encargados de organizarla, de presidir las celebraciones y de recordarnos la buena noticia del amor y la salvación de Dios: son el Papa, los obispos y los presbíteros, a quienes es costumbre llamar sacerdotes.

Ahora bien, no hay que dejarse confundir por los medios de comunicación que cuando se refieren a la «Iglesia» es a ellos a quienes se refieren, sobre todo al Papa y a los obispos, pues la Iglesia —la católica y las demás Iglesias cristianas— está formada por todos los bautizados y las bautizadas. Y, al igual que sus dirigentes, todos somos responsables de ella.

Para los más chiquitines, saber cuál es su Iglesia, porque es la de sus papás, puede contribuir a darles sentido de identidad y pertenencia.

¿Ir a misa con los hijos cuando son chiquitos?

De la mano de sus papás, los más chiquitos pueden aprender a ir a misa, a dar gracias a Dios, a sentir que están unidos con Dios y con las demás personas, pero también a estar quietos y a hacer unos minutos de silencio.

También cuando van a la casa de los abuelos y de los tíos, cuando los llevan a un cine, a un parque, o a comer helado en el centro comercial, así aprenden cómo deben portarse y las actitudes propias de cada lugar.

Y si hacen ruido o corretean en la iglesia, no importa. Como no importa que lo hagan en las casas de los abuelos o de los tíos, que no se incomodan cuando hacen ruido o están inquietos.

¿Cuándo empezar a educar a los hijos en la fe y el amor?

Dicen que la educación de los hijos comienza mucho antes de nacer. Por eso la educación en la fe y en el amor comienza desde antes de nacer.

Ahora bien, ¿en qué consiste la educación en la fe y en el amor? Consiste, simplemente, en compartir un estilo de vida, unas actitudes, unos principios y valores, y sobre todo, permitirles aprender a servir, sirviendo; aprender a respetar, respetando; aprender a ser honestos, viviendo en un ambiente de honestidad; aprender a preocuparse por las necesidades de los demás, porque ven que en su familia existe esta preocupación; aprender a asumir compromisos desde la fe y el amor según las circunstancias propias de cada edad.

Por eso, para educar en la fe y el amor no es necesario dictar una cátedra ni contratar especialistas o llevarlos a un centro de educación religiosa. Basta caminar con los hijos por el camino de la fe y el amor en la convivencia familiar. O, sencillamente, en la búsqueda de ese camino.

Las primeras oraciones

Cuando los chiquitines están aprendiendo a relacionar gestos y significados, al lado de los papás suelen aprender a poner las manos en gesto de oración y a darse la bendición, como forma de saludar a Dios.

Así, pueden aprender a rezar por las noches, antes de irse a dormir y, de pronto, también por la mañana.

Y cuando están comenzando a hablar, también suelen aprender de labios de sus papás la oración del ángel de la guarda y el avemaría. Pero también pueden aprender a dar gracias, cada noche, por la vida, por el amor de sus papás y de las personas que los cuidan.

Con toda seguridad ustedes no han olvidado estas oraciones, que probablemente aprendieron de sus papás, pero no sobra incluirlas a continuación:

La primera oración la hemos rezado muchas generaciones al ángel que nos cuida y que es, propiamente, mensajero del amor de Dios para acompañarnos a lo largo de la vida.

> Ángel de la guarda, dulce compañía,
> no nos desampares ni de noche ni de día,
> hasta que nos pongas en paz y alegría
> con todos los santos, Jesús y María.

La otra oración recoge el saludo del ángel Gabriel a María y el saludo de su prima Isabel, así como la petición que la Iglesia agregó muchos siglos después.

> Dios te salve María, llena eres de gracia, el Señor es contigo.
> Bendita tú eres entre todas las mujeres
> y bendito es el fruto de tu vientre, Jesús.
> Santa María, Madre de Dios, ruega por nosotros,
> pecadores, ahora y en la hora de nuestra muerte. Amén.

Preguntas frente a la muerte

A mis nietos les tocó vivir muy de cerca la muerte de una tía que los quiso y los consintió mucho. Tenía muchos años y se murió porque era hora de morirse, no porque «Dios se la llevó», como generalmente se les explica a los niños.

La lloraron, rezaron con sus papás y conmigo, dimos gracias por la vida de ella y el amor que a todos nos había dado, fueron a la iglesia para despedirla en la fe.

Y esa noche, una de mis nietas le dijo a su papá mirando al cielo: «Memé nos está viendo y está muy feliz con Dios». No hubo preguntas. Porque mi nieta entendió el sentido de la muerte desde la experiencia de la fe pero sin echarle la culpa a Dios.

2. Preguntas de los hijos cuando se preparan para la primera comunión

De la preparación para la primera comunión y la primera confesión se encargan personas que se han preparado, a su vez, para asumir esta responsabilidad. Pero para responder a sus preguntas los papás podrían acompañar a sus hijos en esta experiencia.

También en esta segunda parte las preguntas y respuestas tienen un orden similar para acompañar sus descubrimientos y actividades de preparación para la primera confesión y la primera comunión:

1) Acompañarlos a reconocer por qué pertenecen a la religión católica.

2) Acompañarlos a identificar la fe como amistad con Jesús.

3) Acompañarlos a leer en la Biblia las historias del amor de Dios.

4) Acompañarlos a conocer a Jesús y escuchar sus palabras.

5) Acompañarlos a descubrir la presencia del amor de Dios como Padre para reconocer a las personas como hermanos y hermanas.

6) Acompañarlos a sentirse parte del grupo de los amigos de Jesús.

7) Acompañarlos a aprender a celebrar y vivir la eucaristía y la reconciliación.

8) Acompañarlos a aprender a vivir, con ustedes, como Jesús quiere que vivan sus amigos y sus amigas: en el amor, la unión, el agradecimiento, la verdad, la solidaridad, la justicia, el respeto, el servicio.

9) Acompañarlos a aprender a hablar con Dios.

10) Acompañarlos a «entrenarse» en el amor y en el respeto por las personas, en el servicio, en la solidaridad y en la justicia para ser contados para siempre entre los amigos y las amigas de Jesús.

¿Por qué somos católicos en nuestra familia?

El famoso Catecismo del padre Astete tenía una pregunta, «¿sois cristiano?», a la que inmediatamente respondía: «Sí, por la gracia de Dios».

Lo cual sigue siendo cierto. Porque la fe es un regalo de Dios, y como regalo, es gratuito. Es lo que se llama la gracia.

Pero la respuesta no satisface la normal curiosidad acerca del porqué se puede ser católico, musulmán o budista.

Quizás ayude a responder esta inquietud saber que las religiones están enmarcadas en un entorno cultural y su difusión va de la mano de hechos históricos no propiamente religiosos.

Por eso, también ayuda el identificar las razones o circunstancias de tipo histórico que explican cómo y por qué una religión, como en el caso de la religión católica o de cualquier otra, se difunde por el mundo desde su lugar de origen.

Por otra parte, también vale la pena aclarar que la pertenencia a un grupo religioso no es una opción personal —aunque eventualmente puede serlo, en casos de conversión—pues hay de por medio una herencia, una tradición muchas veces secular.

Así, una familia es católica o budista por una tradición: también las familias de origen eran católicas o budistas y podría trazarse el genograma religioso, identificando la transmisión de la fe a través de las familias. Porque la religión, como la lengua o la organización familiar y social, se reciben junto con los demás elementos de la cultura en la cual nacemos.

En el caso del catolicismo, se puede trazar el recorrido histórico del evangelio desde Jerusalén a Roma, de Roma a la Europa cristiana y, desde allí, al resto del mundo.

La fe como amistad con Jesús

Porque la fe, como la amistad, es básicamente una relación —la relación con Jesús—, la experiencia de la amistad, que une y reúne a las personas, es una forma sencilla y al alcance de los niños para entender la relación con Jesús: es amigo de sus papás, es amigo suyo desde su bautismo y la eucaristía es celebración de la amistad con Jesús.

Tres reflexiones podrían compartir con sus hijos o sus hijas que se preparan para la primera comunión:

- Una, hablar de sus amigos, los de ellos y los de ustedes, del compromiso que implica la amistad, del riesgo de romperla y de la posibilidad de hacer las paces. Ellos saben quiénes son los amigos de ustedes y seguramente los conocen. Podrían preguntarse por qué los consideran amigos y contarles por qué son sus amigos, cómo los conocieron, dónde y por qué, lo que han compartido. Asimismo, ustedes saben quiénes son los amigos de sus hijos y podrían preguntarles cómo los conocieron y dónde, qué les gusta hacer juntos.

- Otra, reflexionar sobre la experiencia de ser familia, sobre lo importante que es en la vida saberse amado y aceptado, cada uno, tal como es.

- Y otra más, hablar de su bautismo. Contarles qué significó para ustedes su nacimiento y por qué quisieron bautizarlo o bautizarla. Una ayuda: así como le habían dado la vida, en el bautismo le dieron la vida de Dios para que fuera amigo o amiga de Jesús; así como le dieron una familia, por el bautismo lo o la hicieron miembro de la familia de los hijos de Dios que es la Iglesia.

En la Biblia podemos leer la historia de la amistad de Dios con la humanidad

A la edad en que los niños se preparan para su primera comunión y su primera reconciliación, conocen el libro de la Biblia y, probablemente, tienen una propia.

A lo mejor saben, porque se los han dicho en la preparación, que en la Biblia podemos leer la palabra de Dios y que, durante la misa, podemos oírla en la liturgia de la Palabra. Muy seguramente, también han leído algunas de las historias que se encuentran en el libro de los cristianos.

Aunque tanto sus hijos como ustedes lo saben, no sobra recordar que la Biblia cuenta la historia de la amistad de Dios con la humanidad, tal como la entendió, primero, el pueblo de Israel y, luego, el grupo de los discípulos de Jesús:

- El antiguo testamento es una colección de libros escritos a lo largo de más de mil años para contar y cantar el amor de Dios.

- El nuevo testamento también cuenta y canta que Dios ama tanto a la humanidad que envió a Jesús de Nazaret para anunciar las buenas noticias de su amor.

En la misa, o celebración de la eucaristía, la liturgia de la Palabra es el momento en que oímos con el corazón las historias del amor de Dios para que nosotros podamos sentir lo mismo que sintieron las personas que vivieron la experiencia del amor de Dios.

Por eso, después de leer un texto de la Biblia, en la misa el lector proclama: «Esta es palabra de Dios». Y todos respondemos: «Te alabamos, Señor».

El amigo Jesús

Como parte de la preparación para la primera comunión, los niños seguramente están conociendo a Jesús tal como lo presentan los cuatro evangelios: Mateo, Marcos, Lucas y Juan, quienes contaron lo que hizo y dijo Jesús para que quienes no lo conocimos personalmente pudiéramos recibir su mensaje y ser sus amigos.

Los evangelios no pretenden ser una biografía, pero sí cuentan que Jesús nació en Belén; vivió en Nazaret con José y María; cuando era niño, crecía y aprendía, y aunque no dicen que Jesús jugaba y ayudaba a sus papás, es de suponer que hacía lo que hacen todos los niños. También dicen los evangelios que iba a fiestas, tenía amigos, enseñaba y hablaba de su Padre, murió en una cruz, resucitó y quiso quedarse con nosotros en la eucaristía.

Para conocer a Jesús, ustedes y sus hijos pueden jugar a «prender el botón de la imaginación» y leer con ellos algunos textos del evangelio que hablan de la casa de Nazaret y de los papás de Jesús; de dos amigas que tenía y a quienes visitaba en su casa de Betania; de una fiesta de matrimonio a la que fueron invitados María, Jesús y los discípulos.

Así narra el evangelio de Lucas los primeros años de Jesús en la casa de sus padres en Nazaret:

> José y María, los padres de Jesús, regresaron a Galilea, a la ciudad de Nazaret. El niño crecía y se hacía cada día más

fuerte, aprendía nuevas cosas y Dios estaba con él (Del evangelio de Lucas 2,39-40).

Este es un encuentro de Jesús con dos amigas en la casa de ellas en Betania:

> Un día iba Jesús de camino hacia Jerusalén y se detuvo en un pueblo llamado Betania para descansar en la casa de sus amigos Lázaro, Marta y María.
> Cansado del camino, Jesús fue a descansar a la casa de sus amigos.
> María se sentó a los pies de Jesús para escuchar sus palabras. Marta, mientras tanto, se preocupaba por atender a Jesús, pero estaba molesta porque María no le ayudaba. Se acercó y le dijo a Jesús: «Señor, mira cómo me toca hacer todo el trabajo. Dile a María que me ayude».
> Jesús le respondió: «Marta, no te preocupes tanto. María escogió la mejor parte» (Del evangelio de Lucas 10,38-42).

Y el evangelio de Juan cuenta que Jesús fue a una fiesta en Caná:

> Se celebraba una fiesta en Caná de Galilea y estaba allí la madre de Jesús. También fue invitado a la boda Jesús y sus discípulos (Del evangelio de Juan 2,2).

También se puede «prender el botón de la imaginación» al leer, en el evangelio de Lucas, cómo celebró Jesús la fiesta de la Pascua —el rito con que los judíos celebraban su amistad con Dios—, cuando Jesús se reunió con sus discípulos para celebrar la primera eucaristía. Esta escena se completa leyendo en el evangelio de Juan cómo fue la última comida de Jesús con sus discípulos.

El siguiente es el relato del evangelio de Lucas:

> Se celebraba la fiesta de la Pascua, cuando las familias se reunían para comer el cordero, los panes sin levadura, las hierbas amargas y beber la copa de vino.

Jesús quiso comer esta Pascua con sus discípulos y encargó a Pedro y a Juan que hicieran los preparativos: el cordero, el pan sin levadura, las hierbas amargas, el vino.

A la hora de la comida, Jesús les dijo a sus discípulos: «Muchísimo he deseado comer esta Pascua con ustedes, porque será la última».

Los discípulos no entendieron lo que Jesús quería decir. Tampoco lo que hizo. Pero estaban contentos porque estaban reunidos con él. Y algo especial sintieron cuando Jesús tomó el pan, dio gracias, lo partió y se los dio, diciendo: «Esto es mi cuerpo que es entregado por ustedes. Hagan esto en recuerdo mío».

Luego Jesús tomó la copa y dijo: «Esta copa es la nueva alianza de mi sangre que es derramada por ustedes» (Del evangelio de Lucas 22,1-20).

Y este es el relato del evangelio de Juan:

Era de noche y Jesús había invitado a sus amigos a celebrar la Pascua.

Sentados alrededor de la mesa, Jesús los llamó amigos, les mostró cómo debían servir y les lavó los pies, les habló del Padre Dios, les dijo cómo amar y les entregó el mandamiento del amor: «Les doy un mandamiento nuevo: que se amen los unos a los otros como yo los he amado. En esto conocerán todos que son mis amigos: si se aman los unos a los otros» (Del evangelio de Juan 13,34-35).

Pero el aspecto central del encuentro con Jesús, con ocasión de la preparación para la primera comunión, o en cualquier ocasión, consiste en aprender a escuchar las palabras de Jesús y querer aceptarlas.

Una de estas enseñanzas es el mandamiento nuevo que dio Jesús a sus amigos en la celebración de la Pascua: el mandamiento del amor. Otras enseñanzas, en forma de parábolas, son las que Jesús utilizó para decirnos cómo aceptar la buena noticia del amor de Dios y cómo amar y ser solidarios.

¿Recuerdan la parábola del sembrador? Es la parábola que contó Jesús para enseñar a sus amigos y amigas cómo oír y aceptar la palabra de Dios.

Al leer con su hijo esta página del evangelio, pueden proponerle que dibuje las cuatro posibilidades o escenarios, y comentar lo que cada uno significa.

Esta es la parábola que Jesús contó:

> Un hombre salió a sembrar.
>
> Sucedió que, al sembrar, unas semillas cayeron en el camino. Vinieron los pájaros y se las comieron.
>
> Otras semillas cayeron entre las piedras, donde había muy poca tierra. Las semillas brotaron enseguida, pero cuando salió el sol, se secaron.
>
> Algunas semillas cayeron entre la maleza. La maleza creció y las ahogó.
>
> Por fin unas semillas cayeron en tierra buena. Y dieron una gran cosecha (Del evangelio de Mateo 13,1-8)

Después de contar la parábola, Jesús explicó que la semilla es como la palabra de Dios, que a unos no les interesa, pero otros sí la reciben con el corazón:

> Los que oyen el mensaje de Dios y no lo entienden son como la semilla que cayó en el camino.
>
> La semilla que cayó entre las piedras representa a los que oyen el mensaje y lo reciben con gusto, pero al poco tiempo se les olvida.
>
> La semilla sembrada entre espinas representa a los que oyen el mensaje pero están preocupados por otras cosas y no lo aceptan.
>
> La semilla sembrada en tierra buena representa a los que oyen y aceptan el mensaje (Del evangelio de Mateo 13,18-23).

¿Y recuerdan la parábola del buen samaritano? Para enseñar a sus amigos y amigas cómo ser solidarios y la importancia de acercarse a las personas que esperan ayuda, compañía, generosidad, Jesús contó esta parábola de un hombre que se acercó para ayudar a otro hombre que lo necesitaba.

También, al leer con sus hijos esta página del evangelio, pueden fijarse en el escenario, los personajes y sus actitudes, proponerle que dibuje la historia y analizar el comportamiento de cada uno: su indiferencia, su insensibilidad, su solidaridad, caer en la cuenta de la invitación de Jesús a hacer lo mismo.

Esta es la parábola que contó Jesús a sus amigos:

> Bajaba un hombre de Jerusalén a Jericó y cayó en manos de unos ladrones que le quitaron todo lo que llevaba, le dieron una paliza y lo dejaron medio muerto a la orilla del camino.
>
> Por casualidad, bajaba por aquel camino un sacerdote que, al ver al herido, dio un rodeo.
>
> Pasó un levita, también, por aquel sitio, pero al ver al herido pasó de largo.
>
> Pero un samaritano, que iba por este camino, se acercó al herido y, al verlo, sintió compasión, vendó sus heridas, las limpió con aceite y vino y montó al hombre herido en su caballo para llevarlo a una posada.
>
> Al día siguiente, le dio dinero al posadero y le dijo: «Cuídalo y si gastas más, te lo pagaré cuando vuelva».
>
> Cuando Jesús terminó de contar esta historia, preguntó: «¿Cuál de los tres se hizo prójimo del hombre herido por los ladrones?».
>
> Uno le contestó: «El que se acercó, sintió lástima y le prestó ayuda».
>
> Jesús, entonces, le dijo: «Haz tú lo mismo» (Del evangelio de Lucas 10,30-35).

Una aclaración útil. El sacerdote judío y el levita que trabajaba en el templo no podían acercarse a un hombre herido porque estaba prohibido que entraran al templo después de tocar sangre. En cambio, para Jesús, lo más importante es acercarse —«a-proximarse»— a las personas necesitadas y ayudarlas: «hacerse prójimo».

Jesús enseñó a sus amigos que Dios es Padre

Uno de los aspectos más importantes del cristianismo y, por lo tanto, de la preparación para la primera comunión es descubrir que, gracias a Jesús, podemos reconocer a Dios como Padre y que, gracias al bautismo, somos hijos de Dios para poder vivir como hermanos. Así como los hijos de un mismo papá o de una misma mamá son hermanos.

Y para hablar de Dios como Padre y de la familia que conformamos sus hijos, una sugerencia es comentar qué significa pertenecer a una familia y sentirse parte de ella. También subrayar la importancia de ayudarnos unos a otros, de contribuir cada uno a hacer más agradable la vida de los demás, y recordar cuáles son las responsabilidades que cada cual asume con su propia familia.

Pero, ¿de dónde sacamos que Jesús muestra a Dios como su Padre y que nos enseñó a decirle así?

Los evangelios cuentan que Jesús hablaba con Dios y hablaba de Dios, y les enseñaba a sus amigos cómo hablar con Dios y a decirle Padre:

> Lleno de alegría, Jesús dijo: «Te alabo, Padre, Señor del cielo y de la tierra, porque has mostrado a los sencillos lo que escondiste a los sabios» (Del evangelio de Lucas 10,21).
>
> También les dijo: «Las palabras que ustedes escuchan no son mías sino del Padre que me ha enviado» (Del evangelio de Juan 14,24).
>
> En otra ocasión Jesús les dijo: «Al orar, no repitan palabras inútiles. Ustedes deben orar así: Padre nuestro que estás en el cielo, santificado sea tu nombre. Venga tu reino. Hágase tu voluntad en la tierra así como se hace en el cielo» (Del evangelio de Mateo 6,9-10).

Los amigos de Jesús somos la Iglesia

La Iglesia es el grupo de los amigos de Jesús, pero también se considera que es la familia de los hijos de Dios. Es comunidad. Comunidad de amigos y amigas de Jesús, comunidad de hijos de Dios.

Y somos Iglesia porque estamos unidos, en el amor de Jesús, con el Padre Dios y, por lo tanto, los unos a los otros como hermanos:

- Iglesia que hace presente el amor de Dios.

- Iglesia que vive el amor en el respeto hacia todas las personas, en la solidaridad con los más necesitados, en la defensa de la justicia, en la búsqueda de la paz.

- Iglesia que celebra el amor cuando se reúne en la eucaristía que nos pone en movimiento para vivir el amor.

En esta comunidad, algunas personas ejercen funciones de liderazgo y servicio: son el Papa, los obispos y los presbíteros, pero ellos no son los únicos responsables de construir la comunidad eclesial y de que esta realice la misión que Jesús le confió: responsables somos todos y cada uno de los bautizados y las bautizadas.

Celebrar con los hijos la primera reconciliación y la primera comunión

En el colegio donde trabajé muchos años, cuando preparaba a las familias para celebrar y vivir los sacramentos de la reconciliación y la eucaristía, en el cuaderno que llevaban a la casa proponía estas dos actividades que pueden ayudar a los papás que, con sus hijos, se preparan para la primera confesión y la primera comunión.

***Los amigos de Jesús piden perdón a Dios
cuando se alejan de su amor y celebran
el sacramento de la reconciliación.***

Para reflexionar acerca del sacramento de la reconciliación, de la penitencia o de la confesión, porque se llama de varias maneras, pueden comentar con sus hijos qué pasa cuando una amistad se rompe y cómo se hacen las paces.

También sobre cómo se vive el perdón en la familia, qué actitud asumen cuando sus hijos se disculpan o piden perdón y si ustedes también se disculpan y piden perdón cuando es necesario.

Y podrían preguntarles qué sienten cuando pelean con alguien, cuando hacen sentir mal a alguien con una palabra o porque no le hablan, porque no quisieron jugar o no le prestaron algo, porque no le ayudaron o cometieron alguna injusticia. Son cosas que, desgraciadamente, pasan entre niños y causan sufrimiento.

Ahora bien, esta reflexión no pretende producir sentimientos de culpabilidad sino ayudar a caer en la cuenta de que en la vida diaria hay que disculparse, pedir perdón, hacer las paces, reconciliarse, porque cuando no respetamos a las personas y les hacemos daño, cuando no les ayudamos o no les hacemos el favor que nos piden, cuando no compartimos lo que tenemos o a alguien le quitamos lo que es suyo, cuando no perdonamos o le tenemos rabia a alguna persona, cuando no decimos la verdad, engañamos a las personas o les decimos mentiras, se rompe el lazo que nos une, nos alejamos. Pero cuando hacemos las paces, podemos volver a estar unidos en el amor: nos reconciliamos.

¿Recuerdan el mensaje de la parábola del padre que perdona al hijo que se fue de la casa?

Jesús contó esta parábola para enseñar a sus amigos cómo es el amor y el perdón de Dios:

Había una vez un hombre que tenía dos hijos. El menor dijo un día a su padre: «Dame mi dinero porque me voy lejos».

Cuando el padre le entregó el dinero que le tenía, el hijo se fue a un país muy lejano. Allá gastó todo lo que le había dado su padre. Entonces empezó a sentir hambre y frío. Buscó trabajo, pero el único oficio que consiguió fue cuidar cerdos en una finca. Y lo aceptó para no morirse de hambre. Pero tenía tanta hambre que le provocaba comer la comida de los cerdos.

Fue entonces cuando se puso a pensar que los trabajadores de su padre tenían comida abundante mientras él pasaba hambre.

Y una noche dijo: «Voy a regresar donde mi padre y voy a pedirle perdón por haberme alejado de él. Tal vez me deje trabajar en sus campos».

Al otro día, muy temprano, tomó el camino para regresar a la casa de su padre.

Todavía estaba lejos, cuando el padre, desde la ventana, vio a su hijo y salió corriendo a recibirlo. El hijo, con lágrimas, dijo a su padre: «Perdón por haberme alejado de ti. Recíbeme en tu casa como uno de tus trabajadores».

La alegría del padre era muy grande. Abrazó y besó a su hijo. Mandó traer ropa limpia y zapatos para que se cambiara. Y organizó una fiesta para celebrar el regreso del hijo que se había alejado (Del evangelio de Lucas 15,11-24).

Si leen esta parábola con sus hijos podrían identificar escenarios, personajes y actitudes, como también proponerle que dibuje las escenas y analizar el comportamiento de los personajes, particularmente el del padre que abre los brazos para recibir al hijo que se había ido lejos, lo perdona sin hacerlo sentir culpable, e incluso hace una fiesta para celebrar su regreso. Porque el amor del Padre Dios es como el del padre de la parábola que abre sus brazos para perdonar al hijo que regresa.

Con esta historia Jesús mostró que el pecado es alejarse del amor del Padre Dios o cuando no nos portamos como Dios quiere que se porten sus hijos; mostró la actitud del hijo que se alejó pero decide regresar y la alegría del Padre Dios cuando el hijo regresa a sus brazos.

Por eso los amigos de Jesús podemos pedir perdón a Dios cuando nos alejamos de su amor. Esto es lo que celebramos en el sacramento de la reconciliación:

- Cuando nos alejamos del amor de Dios, vivimos sin el amor de Dios: es el pecado.

- Cuando decidimos regresar al amor de Dios y rehacer la amistad con Dios, le pedimos perdón a Dios por habernos alejado de su amor.

- El grupo de los amigos de Jesús, que es la Iglesia, nos recibe y rehace nuestra amistad con Dios: es el perdón.

- Por eso el padre, en nombre de Dios y de la Iglesia —a la que Jesús le entregó el servicio de perdonar y de reconciliarnos con Dios, y este servicio lo ejercen los sacerdotes en nombre de la Iglesia— nos perdona: es el sacramento de la reconciliación. Y hay alegría porque hemos hecho las paces con Dios y porque hemos regresado a su amor.

La fiesta de los amigos de Jesús es la eucaristía.

La eucaristía es experiencia de estar unidos en el amor de Dios. Por eso es un momento feliz, como cuando nos sentimos unidos como familia o con los amigos, porque en la eucaristía celebramos nuestra unión —comunión— con Dios y con todas las personas.

Si intentan «prender el botón de los recuerdos», pueden evocar un momento feliz vivido con la familia, un momento de esos que uno quisiera que no se acabaran, porque estamos reunidos y unidos en el amor: ¿dónde estaban?, ¿quiénes estaban?, ¿era de día o de noche?, ¿cómo estaban vestidos?, ¿qué hacían? Podrían hacer un dibujo.

También pueden «prender el botón de los recuerdos» para evocar un momento feliz vivido con amigos o amigas, y hacer un dibujo. Un momento de esos en los que sentimos mucha alegría porque estamos reunidos y unidos: ¿dónde estaban?, ¿quiénes estaban?, ¿era de día o de noche?, ¿cómo estaban vestidos?, ¿que hacían? Muy probablemente caigan en la cuenta de que con los amigos y las amigas se sienten felices cuando están unidos o pueden sentirse muy mal cuando están peleando.

La Biblia cuenta un momento feliz que vivieron los israelitas cuando estaban en Egipto y celebraron la Pascua antes de salir hacia la tierra que Dios les iba a dar para que vivieran en libertad.

Al hacer esta lectura, pueden «prender el botón de la imaginación»: ¿cómo fue ese momento feliz vivido por los israelitas?, ¿dónde estaban?, ¿quiénes estaban reunidos?, ¿era de día o de noche?, ¿cómo debían estar vestidos?, ¿que tenían que hacer? Podrían dibujar la escena.

Así es como cuenta la Biblia cómo celebraron los israelitas la primera Pascua —el paso de Dios— cuando estaban en Egipto:

> El primer mes del año, Dios habló a Moisés en Egipto.
>
> Le dijo así: «Di a todos los israelitas: El día diez de este mes, cada familia tomará un cordero o un cabrito, macho y sin defectos. El día catorce lo inmolarán. Con la sangre del animal untarán la puerta de la casa y la carne la asarán al fuego, para comerla esa misma noche con panes sin levadura y hierbas amargas. Comerán estando listos para salir de viaje: con el cinturón puesto, calzados los pies y el bastón en la mano. Este será un día para recordar. Sus hijos y los hijos

de sus hijos celebrarán esta fiesta para recordar que Dios pasó por las casas de los israelitas en Egipto y que los condujo hacia la tierra que les tenía prometida» (Del libro del Éxodo 12,1-28).

Y al comer el cordero y el pan sin levadura, sintieron el paso de Dios por sus vidas.

Por eso, todos los años, los israelitas recordaban —y así lo siguen recordando los judíos— cuando Dios los sacó de Egipto, sintiendo, al celebrar la Pascua, el paso de Dios por sus vidas.

El evangelio de Lucas, por su parte, cuenta cómo celebraron dos discípulos la eucaristía en Emaús. Una vez más, pueden «prender el botón de la imaginación»: ¿cómo fue el momento feliz vivido por estos dos amigos de Jesús?, ¿por dónde iban los dos discípulos?, ¿cómo se llamaban?, ¿era de día o de noche?, ¿de qué hablaban?, ¿qué hicieron en la casa de Emaús?, ¿qué sintieron?, ¿qué hicieron cuando reconocieron que el desconocido era Jesús resucitado?

Podrían, también, dibujar las escenas de este relato del encuentro de dos discípulos con Jesús resucitado en el camino de Emaús y cómo lo reconocieron al celebrar la eucaristía:

> Aquel día, dos discípulos caminaban hacia un pueblo llamado Emaús, distante unos cuantos kilómetros de Jerusalén. Iban hablando de lo que había ocurrido, cuando Jesús se acercó y caminó con ellos. Pero los discípulos no sabían que era él.
>
> Jesús les dijo: «¿Qué les pasa? ¿De qué van hablando?».
>
> Uno de los discípulos, que se llamaba Cleofás, le respondió: «¿No sabes lo que pasó en Jerusalén?».
>
> El compañero de viaje preguntó: «¿Qué pasó?».
>
> Los discípulos le contaron al desconocido: «¿No sabes lo que pasó con Jesús de Nazaret? Era un hombre poderoso en obras y palabras delante de Dios y de todo el pueblo. Las autoridades lo condenaron y crucificaron. Nosotros creíamos que él iba a liberar a Israel».

Entonces el desconocido se puso a explicarles todo lo de Jesús a la luz de los escritos de Moisés y de los profetas.

Cuando llegaron a Emaús, el viajero iba a seguir su camino, pero los discípulos lo invitaron: «Quédate con nosotros porque es tarde y pronto va a oscurecer». El desconocido aceptó la invitación. Y sucedió que cuando se puso a la mesa con ellos, tomó el pan, lo bendijo, lo partió y se los dio.

Entonces se les abrieron los ojos y reconocieron al Señor. Pero ya no estaba con ellos. Cleofás y su amigo se miraron y comentaron: «¿No estaba ardiendo nuestro corazón cuando nos hablaba en el camino?».

E inmediatamente se levantaron para regresar a Jerusalén a contar a los demás discípulos lo que había pasado en el camino de Emaús y cómo habían reconocido a Jesús resucitado en el partir del pan.

Y estando reunidos en Jerusalén, Jesús se presentó en medio de ellos y les dijo: «La paz con ustedes» (Del evangelio de Lucas 24,13-37).

El mismo encuentro con Jesús podemos vivirlo, hoy, en la eucaristía.

Cuando vamos por el camino de la vida, Jesús camina con nosotros y en ese camino celebramos la eucaristía, que es un encuentro con Jesús resucitado como el de los discípulos que caminaban hacia Emaús.

Es un momento feliz porque al cerrar los ojos y «prender el botón que los amigos de Jesús tenemos en el corazón para sentir que Dios está con nosotros», es posible sentir el amor de Dios en el amor de las personas que vemos todos los días y en las que vemos de vez en cuando, en las que conocemos y en las que no conocemos, pero comparten con nosotros la ciudad en que vivimos, nuestro país, el mundo: son nuestros hermanos y nuestras hermanas los habitantes del mundo porque son hijos del Padre Dios.

Es la experiencia que vivimos los amigos y amigas de Jesús en la eucaristía: vivimos la unión con él y entre nosotros

—comunión— para poder vivir esa unión en el amor todos los días y a todas horas.

Y, como los discípulos de Emaús, nosotros podemos salir a contar que Jesús camina con nosotros y está presente en la eucaristía. Por eso nos vamos en paz, viviendo la unión —comunión— con Dios y con todas las personas con quienes nos encontramos por el camino de la vida.

Los amigos de Jesús aman

Otro aspecto de la preparación para la primera comunión es la moral cristiana, una moral de actitudes y valores, no de prohibiciones, porque se fundamenta en el amor, más concretamente en la invitación de Jesús a sus amigos y amigas de todas las épocas a amar a todas las personas: primero a los más cercanos, los papás y los hermanos; a las personas a quienes vemos todos los días; a todas las personas a quienes conocemos; también a quienes no conocemos.

Ahora bien, porque los amigos de Jesús estamos unidos con él y unidos unos a otros por el amor, esta experiencia, celebrada en la eucaristía, es el punto de partida para vivir en el amor.

Y amar es ayudar. Amar es compartir. Amar es respetar, lo cual implica cuidado, preocupación, interés. Amar es, también, pedir perdón y perdonar. Amar es hacer y decir la verdad. Amar es ser agradecidos.

¿Cómo les parece reflexionar con sus hijos acerca de estos valores y actitudes para que aprendan a amar a todas las personas, cercanas y distantes, es decir, para que sean capaces de ayudarles, de compartir con ellas, de respetarlas, de pedirles perdón y perdonarlas, de hacer y decir la verdad, de agradecerles lo que hacen?

- En primer lugar, ayudar y compartir. ¿Recuerdan la parábola del buen samaritano? En la pedagogía de Jesús, las parábolas eran una forma de mostrar, con ejemplos, los valores y las actitudes que proponía a sus discípulos. ¿Cómo se puede ayudar a los que esperan nuestra ayuda? ¿Cómo se puede compartir lo que tenemos con los que están en dificultad? ¿Y qué ayuda se pueden comprometer a realizar juntos, como familia, a una persona que está necesitando que alguien le dé una mano?

• El respeto que nace del amor, no del temor, es otra característica de la vida cristiana: respetar a las personas y a nosotros mismos, respetar la naturaleza y todas las cosas. Pero, ¿qué pasa cuando no se respeta y no se cuida a las personas y a uno mismo, la naturaleza y las cosas propias o de otras personas?

• También podrían reflexionar con sus hijos o sus hijas acerca de lo que significa ser honestos: esto es hacer y decir la verdad. Pero puede además ser conveniente hablar de la mentira y del engaño. Y hablar de lo que se siente cuando se dice la verdad y de lo que se siente cuando se dice una mentira.

• Por último, podrían comentar con sus hijos qué es ser agradecidos y cómo se manifiesta ese agradecimiento: una sonrisa, un beso, una palabra amable, una flor, una carta, un regalo... ¿Se les ocurren algunos ejemplos? También ellos tienen otros. Además, los cristianos reconocemos que la vida, el mundo y todo lo que hay en él es un regalo de Dios: ¿cómo agradecer estos regalos?

Jesús enseñó a sus amigos cómo orar

La oración es el diálogo de los amigos de Jesús con él y con el Padre Dios.

Para este diálogo existen formas convencionales, oraciones que ustedes aprendieron de niños y, a su vez, se las enseñaron a sus hijos. ¿Recuerdan quién les enseñó a ustedes las oraciones? Podrían contárselo: oraciones para hablar con el Padre Dios y con Jesús, también con María y con el ángel de la guarda.

Pero también podemos hablar con Dios con nuestras propias palabras: en silencio y en lo más profundo del corazón, se puede hablar con Dios como habla un hijo con sus papás, como se habla con un amigo.

Según el evangelio de Mateo, Jesús enseñó a sus amigos a hacer silencio para hablar con Dios:

> Cuando ores, entra en tu cuarto, cierra la puerta y ora a tu Padre en secreto. Y al orar no repitan ustedes palabras inútiles, porque su Padre ya sabe lo que ustedes necesitan, antes de que se lo pidan (Del evangelio de Mateo 6,6-8).

También el evangelio de Lucas narra que Jesús enseñó a sus amigos cómo orar:

> Una vez, Jesús estaba orando en un lugar; cuando terminó, uno de sus discípulos le dijo: «Señor, enséñanos a orar».
>
> Jesús les dijo: «Cuando oren, digan: Padre nuestro, que estás en el cielo, santificado sea tu nombre. Venga tu reino. Hágase tu voluntad en la tierra como en el cielo. Danos, hoy, nuestro pan de cada día, perdona nuestras ofensas como nosotros perdonamos a los que nos ofenden y no nos dejes caer en la tentación, mas líbranos de mal» (Del evangelio de Lucas 11,1-4).

El premio en la otra vida para los amigos de Jesús

En una página del evangelio de Mateo, Jesús anunció a sus amigos y a sus amigas que al final de la vida seremos juzgados en el amor, cuando llamará «bendecidos» por su Padre a quienes viven la solidaridad.

> Cuando el Hijo del hombre venga, rodeado de esplendor y de todos sus ángeles, se sentará en su trono y dirá: «Vengan

ustedes, los que han sido bendecidos por mi Padre pues tuve hambre, y ustedes me dieron de comer; tuve sed, y me dieron de beber; era forastero, y me dieron alojamiento. Estuve sin ropa, y ustedes me la dieron; estuve enfermo, y me visitaron; estuve en la cárcel, y vinieron a verme».

Entonces los justos preguntarán: «Señor, ¿cuándo te vimos con hambre, y te dimos de comer? ¿O cuándo te vimos con sed, y te dimos de beber? ¿O cuándo te vimos como forastero, y te dimos alojamiento, o sin ropa, y te la dimos? ¿O cuándo te vimos enfermo o en la cárcel, y fuimos a verte?».

El Rey les contestará: «Les aseguro que todo lo que hicieron por uno de estos hermanos míos más humildes, a mí me lo hicieron» (Del evangelio de Mateo 25,31-40).

Esta es una de las grandes verdades del cristianismo: en los pobres y necesitados, Jesús está presente, esperando nuestra solidaridad, porque así como está presente en la eucaristía, sacramentalmente, también está presente en quienes tienen hambre y sed, en los desplazados y en los que pasan frío, en los enfermos y en los que están presos o secuestrados.

Este reconocimiento de la presencia de Jesús en quienes esperan nuestra ayuda y nuestra solidaridad implica, para sus amigos y sus amigas, un serio compromiso: ¿podemos pasar de largo cuando es Jesús el que espera nuestra ayuda?, ¿podemos cerrar el corazón a las necesidades de los demás, si seremos juzgados al final de la vida por nuestra solidaridad o falta de solidaridad?

Además, en esta solidaridad se juega el reconocimiento de ser amigos y amigas de Jesús para siempre.

3. Preguntas de adolescentes

Para responder a las preguntas en relación con temas religiosos, como a todos los demás cuestionamientos con que bombardean al mundo de los adultos, uno de los síntomas de esa compleja edad que están viviendo los adolescentes, una posible estrategia es oír sus dudas y los motivos de su rechazo. Y buscar con ellos las respuestas.

La invitación que suelen recibir los adolescentes a confirmar su compromiso bautismal en el sacramento de la confirmación es oportunidad para debatir el tema religioso y buscar respuestas a sus numerosos y serios interrogantes.

Las preguntas y respuestas se organizan, una vez más según la misma estructura:

1) Preguntas sobre las religiones en general.

2) Interrogantes a propósito de su bautismo.

3) Incredulidad respecto a la Biblia.

4) Curiosidad acerca de Jesús, el Cristo.

5) Dudas respecto a Dios.

6) Protestas contra la Iglesia.

7) Rechazo hacia la misa.

8) Desacuerdo con las leyes y costumbres de la Iglesia.

9) Desconfianza en cuanto a la oración.

10) Inquietudes acerca de la otra vida.

¿Hay religiones que son mejores que otras?

Esta pregunta es definitiva al igual que la respuesta. No hay religiones mejores que otras ni hay religiones verdaderas y religiones falsas La mejor religión es la que expresa una experiencia religiosa que es, al mismo tiempo, personal y comunitaria, que da sentido a la vida y que está hecha, como toda religión, de creencias, culto y ética compartidos en una comunidad.

Lo que sí es importante es distinguir las religiones «de verdad» y algunas manifestaciones de religiosidad que, aunque parecen religiones, son remedos de religión: no expresan una experiencia religiosa, falta alguno de sus componentes, no dan sentido a la vida, son desviaciones de la conducta religiosa o son utilizadas con otros fines.

Por ejemplo, algunos movimientos religiosos parecen religiones porque practican un culto, tienen creencias y una organización jerárquica, pero no son religiones «de verdad» porque manipulan las conciencias de sus adeptos, les lavan el cerebro, les exigen la entrega de todos sus bienes, los aíslan, les quitan la libertad y les imponen comportamientos o actitudes rechazables que son nocivas para el equilibrio emocional de sus simpatizantes. A estos movimientos religiosos corresponden las historias de grupos integristas y fanáticos, en los que no se admite desacuerdo. Grupos de este estilo han sido noticia por sus excesos y sus extrañas conductas y algunos han terminado en forma dramática, como la secta de los davidianos cuya sede estaba en Waco, Texas, o los seguidores de Jim Warren que fueron inducidos a un suicidio colectivo en Guyana.

A veces, también, las religiones se pervierten porque son utilizadas con otros fines, como más de una vez ha ocurrido y ocurre, aunque no son las religiones las culpables de los excesos que se cometen en su nombre. Porque las religiones —todas las religiones— predican el amor, la tolerancia, la justicia, la solidaridad y la paz, la esperanza y la unión.

No obstante, la historia de la humanidad y el panorama mundial actual muestran que, por motivos religiosos, se practica el odio, la intolerancia, la injusticia y la violencia, se siembra desunión y se desatan guerras. Muestra de esta perversión de las religiones son los conflictos religiosos que jalonan la historia: la guerra santa de musulmanes y cristianos que duró ochocientos años en la Península Ibérica; las batallas de cristianos y musulmanes con ocasión de las cruzadas durante la Edad Media; la persecución de los cristianos contra los albigenses y otras sectas, pero también contra los judíos, por el Tribunal de la Inquisición; el avasallamiento cultural y religioso que dejó la conquista en tierra americana fundamentada en un derecho divino que tenían sobre sus habitantes; las guerras religiosas de la Edad Moderna; el holocausto judío del siglo XX.

Por otra parte, circunstancias sociopolíticas de diversa índole han generado dificultades en la coexistencia y verdaderos conflictos y enfrentamientos a nivel mundial que se interpretan como conflictos religiosos, tales como los que se dan entre católicos de Croacia, musulmanes de Bosnia y ortodoxos de Serbia, en la antigua Yugoslavia; entre católicos y protestantes, en Irlanda del Norte; entre cristianos y musulmanes, en Indonesia; entre musulmanes, palestinos y judíos, en Oriente Medio; entre hinduistas y musulmanes, en India; entre tamiles y budistas, en Sri Lanka; entre el fundamentalismo musulmán y el fundamentalismo cristiano norteamericano, en Irak. Además, se agrupan en esta categoría los nuevos problemas ocasionados por la presencia en los países europeos de africanos desplazados por la guerra y el hambre.

Pero si las religiones predican la paz, ¿por qué parecen ser causa de violencia? Las siguientes son algunas posibles explicaciones:

- Una explicación es la combinación entre religión y poder político, porque cuando las instituciones religiosas hacen tratos con los gobernantes para defender sus dominios a cambio de apoyo, resulta una alianza que pervierte el verdadero sentido de la religión.

- Otra explicación es que cuando ejercen el poder secular distorsionan su misión propia y la ambición se apodera de sus gobernantes.

- Una tercera explicación es que la violencia religiosa es de carácter político y económico, pero la religión sirve para justificar el conflicto.

- La otra explicación es que aunque ninguna religión predica la violencia, interpretaciones sesgadas o desviadas han ocasionado y siguen ocasionando desorden y sufrimiento.

- Y una última explicación para los conflictos religiosos tiene que ver con actitudes triunfalistas de una religión que considera que es superior a las demás religiones, como sucedió en el pasado con el cristianismo y en la actualidad con los radicalismos y fundamentalismos de cualquier color religioso.

A veces, también, la religión se utiliza como medio para mantener un orden establecido o sirve para manipular las conciencias, para reforzar los sistemas de dependencia, las estructuras de opresión y la pasividad de los individuos.

Y cuando la religión es factor de alienación, instrumento que embota la conciencia y se manipula para mantener un orden, es «opio del pueblo», como decía Marx, repitiendo la frase de Feuerbach que posteriormente repetiría Lenin.

Pero no es culpa de la religión sino de la forma como el sistema sociopolítico hace uso de ella. Porque lo propio de la religión es liberar a las personas y permitirles crecer en humanidad, no alienarlas y destruir su identidad.

Por otra parte, las diversas religiones corresponden, cada una, a un contexto cultural. Forman parte del legado cultural que cada persona recibe de las generaciones anteriores para poder vivir, interpretar y expresar la experiencia de la trascendencia o experiencia religiosa.

Entonces, ¿hay religiones mejores que otras? Una respuesta a esta pregunta es la que ofreció el líder indio Mahatma Gandhi:

> Entiendo por religión no sólo un conjunto de ritos y de costumbres sino lo que está en el origen de todas las religiones poniéndonos cara a cara con el Creador.
>
> Mientras existan diversas religiones es fácil concebir que cada una quiera tener un conjunto de símbolos que la distinga de las otras. Pero hay que rechazar esos signos distintivos cuando se hace de ellos verdaderos fetiches o se utilizan para pretender que las demás religiones son inferiores.
>
> Las religiones representan caminos diferentes que convergen en un mismo punto. Poco importa que nuestros caminos no sean los mismos, con tal de que alcancemos el mismo fin. Por eso si se llega al corazón de la propia religión, por eso mismo se llega al corazón de las demás.
>
> Después de un estudio y una experiencia profunda sobre esta cuestión, he llegado a las siguientes conclusiones: todas las religiones son verdaderas; ninguna está libre de errores; todas las demás me son tan queridas como la mía y siento tanta veneración por la fe de los demás como por la mía;

todas son queridas por Dios, responden a los designios de Dios y al bien de los que han sido educados en ellas.

Creo que si pudiéramos leer las escrituras de las diversas religiones, veríamos que son fundamentalmente idénticos los puntos de vista y se completan de forma maravillosa.

No creo que los Vedas hayan sido los únicos textos que Dios ha inspirado. Estoy seguro que esa misma inspiración divina se encuentra también en la Biblia, en el Corán y en el Zendavesta.

Por su parte, la Iglesia católica, en repetidas ocasiones, también ha dicho una palabra sobre esta diversidad y universalidad del hecho religioso, y sobre la importancia de establecer un diálogo entre los diversos sistemas religiosos —diálogo interreligioso— y entre las diversas Iglesias cristianas —diálogo ecuménico—.

Uno de los documentos del Concilio Vaticano II dice lo siguiente:

> Todos los pueblos forman una comunidad, todos tienen un mismo origen y tienen también el mismo fin último que es Dios, cuya providencia, manifestación de bondad y designio de salvación se extienden a todos.
>
> La humanidad espera de las diversas religiones la respuesta a los enigmas recónditos de la condición humana que hoy como ayer conmueven su corazón: ¿qué es el ser humano?, ¿cuál es el sentido y fin de nuestra vida?, ¿qué es el bien y qué es el pecado?, ¿cuál es el origen y el fin del dolor?, ¿cuál es el camino para conseguir la verdadera felicidad?, ¿qué es la muerte?, ¿cuál es, finalmente, aquel último e inefable misterio que envuelve nuestra existencia, del cual procedemos y hacia el cual nos dirigimos?
>
> Ya desde la antigüedad y hasta nuestros días, se encuentra en los diversos pueblos una cierta percepción de aquella fuerza misteriosa que se halla presente en la marcha de las cosas y en los acontecimientos de la vida humana, y a veces también el conocimiento de la divinidad. Esta percepción y

conocimiento penetra toda su vida con un íntimo sentido religioso.

La Iglesia católica no rechaza nada de lo que en estas religiones hay de santo y verdadero. Considera con sincero respeto los modos de obrar y de vivir, los preceptos y doctrinas que reflejan un destello de aquella Verdad que ilumina a toda la humanidad (Del Concilio Vaticano II: Declaración sobre las relaciones de la Iglesia católica con las religiones no cristianas, numerales 1 y 2).

Entonces, ¿da lo mismo cualquier religión? Una vez más, es Gandhi quien responde a esta pregunta:

> Si un cristiano viniera a decirme que, entusiasmado por su lectura del Bhagavad-Gita, deseaba convertirse al hinduismo, le respondería: No lo haga, la Biblia le ofrece tanto como el Bhagavad-Gita, pero usted no ha intentado descubrirlo. Realice ese esfuerzo y sea un buen cristiano.

¿Por qué me bautizaron?

Es posible que sus hijos alguna vez hayan preguntado por qué los bautizaron y para qué sirve el bautismo. ¿Quieren reflexionar sobre qué es este sacramento y para qué sirve?

Generalmente, es una decisión de los padres que sus hijos pertenezcan a la familia de los hijos de Dios, porque además de darles la vida, quieren que tengan la vida de Dios.

Como se acostumbra bautizar a los niños cuando todavía no pueden hablar, los papás piden la fe para su hijo y adquieren el compromiso de educarlo en la fe. Y junto con los padrinos, en nombre de su hijo, expresan su fe en Dios Padre, en Jesucristo y en el Espíritu Santo; renuncian al mal y se comprometen a vivir en el amor.

El agua que se derrama sobre la cabeza significa la vida de Dios y el nuevo nacimiento, por la acción del Espíritu Santo, como hijos del Padre Dios. Por eso, al derramar el agua, el padre dice:

Estos niños, nacidos hoy por el bautismo a una nueva vida, se llaman y son en verdad hijos de Dios.

Pero también el agua significa la consagración al Padre y al Hijo y al Espíritu Santo, como lo expresa la conocidísima frase:

> Yo te bautizo en el nombre del Padre y del Hijo y del Espíritu Santo.

Asimismo, el óleo que se pone en la frente significa consagración: consagración a Cristo, el Ungido, para vivir, como él, la relación con Dios y la relación con las demás personas.

También el padre entrega a los padrinos la luz que simboliza la fe. La luz que es Cristo. La luz que bautizados y bautizadas podemos y debemos irradiar en el mundo. Porque para eso sirve el bautismo. Para vivir de una manera nueva y diferente.

Para hablar de este cambio, san Pablo utilizó una comparación: el agua significa morir con Cristo para resucitar a una vida nueva. Es decir, morimos con Cristo para vivir en Cristo.

Estas son las palabras que escribió Pablo a los cristianos de Roma acerca del bautismo:

> ¿No saben ustedes que al quedar unidos a Cristo Jesús en el bautismo, quedamos unidos a su muerte? Pues por el bautismo fuimos sepultados con Cristo, y morimos para ser resucitados y vivir una vida nueva, así como Cristo fue resucitado por el Padre (De la carta a los Romanos 6,2-5).

Porque el bautismo significa una nueva vida, una nueva manera de vivir.

Y esa nueva manera de vivir a la cual estamos llamados por el hecho de nuestro bautismo, no es nada más ni nada menos que vivir en el amor. Amor que se traduce en servicio y respeto, en justicia y solidaridad, en acercarnos a quienes nos necesitan, en sentir como propio el dolor ajeno. Porque el bautismo no se reduce a la celebración litúrgica. El sacramento se realiza a lo largo de la vida. No es un acontecimiento del pasado: se vive en el presente y compromete el futuro.

En cuanto a la pregunta que probablemente sus hijos les hayan hecho acerca de por qué los bautizaron sin haberles preguntado, es posible interpretar este porqué como una invitación de Dios a su amistad. Una invitación hecha a través de la familia en la que nacieron, como también a través de diversos acontecimientos de la historia que, leídos desde la fe, descubren esta invitación de Dios.

Son las circunstancias históricas por las que el evangelio salió de Jerusalén, donde nacieron las primeras comunidades cristianas, y en los barcos de los mercaderes fue llevado por el mundo griego y romano. Y cuando el Imperio Romano se convirtió al cristianismo, el mundo romano se hizo cristiano.

Por esas mismas circunstancias históricas, el evangelio fue llevado a la Península Ibérica por los romanos que llegaron allí, triunfadores, e impusieron su lengua y sus costumbres. Y la provincia romana, que luego sería España, se hizo cristiana.

Después, en el encuentro del mundo romano con el mundo bárbaro, el cristianismo fue predicado a los pueblos invasores, que se convirtieron a la religión de los romanos. Y toda Europa se hizo cristiana.

Siglos después, el cristianismo llegó a tierra americana en las carabelas de los descubridores, cuando la espada y la cruz conquistaron el Nuevo Mundo y la cultura occidental avasalló a las culturas aborígenes y se impuso sobre ellas. Fue, entonces, cuando la América española se hizo cristiana y católica.

Así, desde Jerusalén hasta el continente americano, en medio de los episodios de la historia universal, el cristianismo ha hecho un recorrido por la geografía y las culturas del mundo, dejando su huella en los pueblos con los que ha entrado en contacto.

Lo cual explica el hecho de haber nacido en una familia católica y en un continente católico, hecho que, desde la mirada de la fe, se puede interpretar como una invitación de parte de Dios para ser amigos y amigas suyos.

¿Todo lo que dice la Biblia es verdad?

Las páginas de la Biblia narran hechos en los cuales unas personas percibieron la presencia de Dios y su comunicación para que otras personas, en otras circunstancias, pudieran compartir su experiencia de encuentro con Dios.

La pregunta que se plantean los jóvenes, como también los menos jóvenes, frente a las historias que se leen en la Biblia y la verdad que contienen, se refieren a su verificabilidad: ¿«realmente» Dios creó el mundo en siete días?, ¿«de verdad» Dios creó al primer hombre con un poco de barro?, ¿«es cierto» que Dios creó a la primera mujer de una costilla de Adán?

Obviamente, si se leen las narraciones de la Biblia al pie de la letra, como se toman los datos de las ciencias naturales o las ciencias sociales, resulta evidente que no son verificables con los criterios de verificabilidad de estas ciencias.

De ahí la importancia de identificar en los hechos narrados el lenguaje religioso, que es simbólico y su verdad tiene que ver con el sentido, al responder, desde un horizonte religioso, a preguntas de los hombres y las mujeres de todos los tiempos: ¿qué somos?, ¿de dónde venimos?, ¿hacia dónde vamos?, ¿qué sentido tiene lo que hacemos?, ¿por qué existe el mal en el mundo?

Estas historias que narran el origen del mundo, de la vida y de diversas realidades humanas, surgieron en los pueblos de la antigüedad para dar respuesta, desde la experiencia religiosa, a los grandes interrogantes que hombres y mujeres de todos los tiempos se plantean. Son respuestas expresadas en un género literario que se enmarca en el horizonte religioso: el mito.

Estas historias de acontecimientos ocurridos en el principio de los tiempos y en las que intervienen los dioses son historias que no son verificables con los criterios de un historiador. Su finalidad es dar sentido a la realidad vivida, interpretándola desde un horizonte religioso. Estas historias no son explicaciones científicas como las que ofrecen las ciencias naturales o las ciencias sociales, sino que parten de la experiencia religiosa de un pueblo, y que en un lenguaje simbólico y lleno de poesía interpretan el origen del mundo, de la vida, de las costumbres, de las instituciones, a la vez que enseñan a convivir.

Los siguientes son cuatro textos en los que pueblos de la antigüedad expresaron sus preguntas y respondieron a ellas desde el horizonte de comprensión religiosa propio de su cultura y para dar sentido a la realidad que vivían: al mundo, a la vida humana, a los productos de la tierra, al culto que celebraban.

- El primer ejemplo es un antiquísimo himno ritual de consagración de un templo babilonio que se puede fechar en el siglo XXI a. C. y según el cual, los dioses intervinieron para dar origen al templo y, en función del templo, al mundo, a los sacerdotes, a los reyes y a la humanidad:

Cuando Annu creó los cielos,
Ea creó el Apsu, su morada.
Ea tomó un puñado de arcilla en el Apsu
y creó al dios Kulla para restaurar los templos.
Creó la marisma de cañas y el bosque
para que se construyan los templos.
Creó a los dioses Ninildu, Ninsimug y Arazu
para crear su estructura.

Creó los montes y los océanos.
Creó los dioses Gushginbanda, Ninagal,
Ninzamadin y Ninkurra para su trabajo.
Creó los productos abundantes de la tierra
para que fueran ofrecidos a los templos.
Creó a los dioses Asnán, Lahar, Siris, Ningishzida y Ninsar
para que sus rentas sean abundantes.
Creó a los dioses Umunmutamku y Umunmutanmnag
para presentar las ofrendas.
Creó al dios Kusug, gran sacerdote de los dioses,
para ser el que cumpliera sus ritos y ceremonias.
Creó al rey para asegurar la conservación de sus templos.
Creó a la humanidad para servir a los dioses.

- Un aparte de la *Epopeya de Atra-Hasis*, de origen babilonio y que data del siglo XVII a. C., se presenta a continuación:

Cuando los dioses eran como el hombre,
soportaban la tarea, llevaban la espuerta,
la espuerta de los dioses era grande;
la tarea pesada y abundante la fatiga.

Los siete grandes dioses, los Anunnaki,
querían hacer soportar la tarea a los Igugu,
pero los Igugu se rebelaron.

Entonces Anu, Enki y Annunaki decidieron crear a los hombres.

Enki abrió la boca y dijo a los grandes dioses:
El primer día del mes, el siete y el quince,
quiero organizar una purificación.
Que se mate a un dios
y con su carne y con su sangre

que Nintu mezcle un poco de arcilla
que el dios mismo y el hombre
se mezclen juntos en la arcilla.

El primer día del mes, el siete y el quince,
organizaron una purificación.
Mataron en su asamblea a We,
un dios que tenía espíritu:
con su carne y su sangre, Nintu mezcló arcilla.
Llamó a los grandes dioses y escupieron sobre la arcilla.
La diosa dijo a los grandes dioses:
Me habéis ordenado una obra y la he cumplido,
os he librado de vuestra dura tarea,
he impuesto al hombre vuestra espuerta.

• Otro texto es del poema *Enuma Elish*, también de Babilonia y un poco más reciente, del siglo XII a. C.:

Cuando arriba el cielo no tenía nombre,
cuando abajo la tierra firme no había recibido nombre,
Apsu, el inicial, engendró a los dioses,
la original Tiamat los dio a luz a todos.

Como sus aguas estaban mezcladas juntas,
ninguna morada divina estaba construida.
Marduk venció a Tiamat y con su cuerpo formó el universo,
lo partió en dos y puso una mitad como cielo;
extendió la piel, puso centinelas,
les dio la misión de no dejar salir las aguas de Tiamat;
después colocó los astros en su sitio,
las montañas, los ríos, la humanidad.

Marduk habló a Ea con estas palabras
y le dio este consejo que había meditado en su corazón:

Quiero coagular la sangre y hacer que sea hueso;
quiero formar a los seres humanos
y que ellos se encarguen de la tarea de los dioses
y que estos descansen, que sean honrados juntos,
pero que estén repartidos en dos.

Y capturaron a Kingu, lo llevaron ante Ea;
le impusieron el castigo y le cortaron la sangre;
de su sangre formó la humanidad;
le impuso la tarea de los dioses y liberó a los dioses.

- El último relato es un mito sumerio, también antiquísimo, cuya fecha se desconoce:

Cuando los humanos no sabían comer pan,
no sabían llevar vestidos,
comían hierba con su boca lo mismo que el ganado,
bebían agua de la tierra regada,
en el lugar del nacimiento de los dioses,
en su casa, la colina santa,
hicieron venir a la existencia a Lahar (personificación de la oveja madre y sus productos) y a Ashan (diosa de los cereales),
y comieron del rico producto de Lahar y Ashan sin saciarse.

Entonces Enki dijo a Enlil:
Padre Enlil, a Lahar y a Ashan,
ahora que han venido a la existencia en la colina santa,
hagámoslos bajar para dar medios de subsistencia a los humanos.

Como otros pueblos de la antigüedad, el pueblo de Israel buscó respuesta a estos mismos interrogantes. Y aunque su reflexión no es la primera en el orden del tiempo, pues se inscribe en una larga búsqueda religiosa, la respuesta es original: si Dios los salvaba en el hoy de su historia, también los estaba salvando desde el principio, desde antes de que el mundo existiera, desde antes de que los hombres y las mujeres existieran.

Las respuestas a estas preguntas se expresaron en el lenguaje propio de las respuestas a las preguntas sobre el origen de la vida y del mundo, lenguaje que Israel habría usado en su pasado remoto y que conocía de otros pueblos vecinos y contemporáneos.

Por eso en estos relatos se encuentran elementos míticos y su lenguaje ofrece similitud con los poemas y relatos de creación de otros pueblos. Existe también semejanza en cuanto que los demás poemas de creación proclaman la acción de los dioses en el principio de los tiempos para dar sentido al mundo en el que viven y a las personas con las que conviven. La diferencia está en que los textos bíblicos no presentan teogonías, o relatos acerca del origen de los dioses, porque el Dios de la Biblia es uno y existía antes de todo.

Los dos relatos de creación que abren el libro del Génesis son el primer capítulo de los acontecimientos de salvación experimentados por el pueblo de Israel en su historia y provienen de dos épocas diferentes.

El primero de los dos textos —el de los siete días— es el más reciente. Canta la obra de Dios en un himno que utiliza, como esquema literario, siete días en los que el Creador ordena, separa, adorna y prepara el escenario para la pareja a la que bendice y entrega la creación. Fue compuesto hacia el siglo VI a. C., en la época del destierro, cuando los israelitas pudieron reconocer y proclamar la acción de Dios e interpretar, como consecuencia, el mundo y la vida como bendición divina.

> En el comienzo de todo, Dios creó el cielo y la tierra. La tierra no tenía entonces ninguna forma; todo era un mar profundo cubierto de oscuridad, y el espíritu de Dios se movía sobre el agua.

Entonces Dios dijo: «¡Que haya luz!» Y hubo luz. Al ver Dios que la luz era buena, la separó de la oscuridad y la llamó «día», y a la oscuridad la llamó «noche». De este modo se completó el primer día.

Después Dios dijo: «Que haya una bóveda que separe las aguas, para que estas queden separadas». Y así fue. Dios hizo una bóveda que separó las aguas: una parte de ellas quedó debajo de la bóveda, y otra parte quedó arriba. A la bóveda la llamó «cielo». De este modo se completó el segundo día.

Entonces Dios dijo: «Que el agua que está debajo del cielo se junte en un solo lugar, para que aparezca lo seco». Y así fue. A la parte seca Dios la llamó «tierra», y al agua que se había juntado la llamó «mar». Al ver Dios que todo estaba bien, dijo: «Que produzca la tierra toda clase de plantas: hierbas que den semilla y árboles que den fruto». Y así fue. La tierra produjo toda clase de plantas: hierbas que dan semilla y árboles que dan fruto. Y Dios vio que todo estaba bien. De este modo se completó el tercer día.

Entonces Dios dijo: «Que haya luces en la bóveda celeste, que alumbren la tierra y separen el día de la noche, y que sirvan también para señalar los días, los años y las fechas especiales». Y así fue. Dios hizo las dos luces: la grande para alumbrar de día y la pequeña para alumbrar de noche. También hizo las estrellas. Dios puso las luces en la bóveda celeste para alumbrar la tierra de día y de noche, y para separar la luz de la oscuridad, y vio que todo estaba bien. De este modo se completó el cuarto día.

Luego Dios dijo: «Que produzca el agua toda clase de animales, y que haya también aves que vuelen sobre la tierra». Y así fue. Dios creó los grandes monstruos del mar, y todos los animales que el agua produce y que viven en ella, y todas las aves. Al ver Dios que así estaba bien, bendijo con estas palabras a los animales que había hecho: «Que tengan muchas crías y llenen los mares, y que haya muchas aves en el mundo». De este modo se completó el quinto día.

Entonces Dios dijo: «Que produzca la tierra toda clase de animales: domésticos y salvajes, y los que se arrastran por el suelo». Y así fue. Dios hizo estos animales y vio que todo estaba bien. Entonces dijo: «Ahora hagamos al ser humano a nuestra imagen. Tendrá poder sobre los peces, las aves, los animales domésticos y los salvajes, y sobre los que se arrastran por el suelo».

Cuando Dios creó al ser humano, lo creó a su imagen; varón y mujer los creó, y les dio su bendición: «Tengan muchos, muchos hijos; llenen el mundo y gobiérnenlo; dominen a los peces y a las aves, y a todos los animales que se arrastran».

Después les dijo: «Miren, a ustedes les doy todas las plantas de la tierra que producen semilla, y todos los árboles que dan fruto. Todo eso les servirá de alimento. Pero a los animales salvajes, a los que se arrastran por el suelo y a las aves, les doy la hierba como alimento».

Así fue, y Dios vio que todo lo que había hecho estaba muy bien. De este modo se completó el sexto día.

El cielo y la tierra, y todo lo que hay en ellos, quedaron terminados.

El séptimo día terminó Dios lo que había hecho, y descansó. Entonces bendijo el séptimo día y lo declaró día sagrado, porque en ese día descansó de todo su trabajo de creación.

Esta es la historia de la creación del cielo y de la tierra (Del libro del Génesis 1,1-2,4).

El otro texto —el del paraíso— es mucho más antiguo. Procede de la época de la monarquía, en el siglo X a. C., cuando se había logrado la organización del pueblo y las preguntas por el origen surgían desde la fe en Dios que había sacado al pueblo de la esclavitud en Egipto y lo había llevado a la tierra donde habitaban. En este relato, Dios crea la pareja: primero, a un ser humano en soledad y a quien le entrega la creación que va saliendo de sus manos; luego crea a la mujer, en quien el primer ser humano reconoce su compañera, su otro yo, y en este reconocimiento el Creador constata el origen de la vida de pareja.

Cuando Dios el Señor hizo el cielo y la tierra, aún no había plantas ni había brotado la hierba, porque Dios el Señor todavía no había hecho llover sobre la tierra, ni había nadie que la trabajara.

Sin embargo, de la tierra salía agua que regaba todo el terreno. Entonces Dios el Señor formó al ser humano de la tierra misma, y sopló en su nariz y le dio vida. Así se convirtió en un ser viviente.

Después Dios el Señor plantó un jardín en la región de Edén, en el oriente, y puso allí al ser humano que había formado. Hizo crecer también toda clase de árboles hermosos que daban fruto bueno para comer. En medio del jardín puso también el árbol de la vida y el árbol del conocimiento del bien y del mal.

En Edén nacía un río que regaba el jardín, y que de allí se dividía en cuatro. El primero se llamaba Pisón, que es el que da vuelta por toda la región de Havilá, donde hay oro. El oro de esa región es fino, y también hay resina fina y piedra de ónice. El segundo río se llamaba Guihón, y es el que da vuelta por toda la región de Cus. El tercero era el río Tigris, que es el que pasa al oriente de Asiria. Y el cuarto era el río Éufrates.

Cuando Dios el Señor puso al primer ser humano en el jardín del Edén para que lo cultivara y lo cuidara, le dio esta orden: «Puedes comer del fruto de todos los árboles del jardín, menos del árbol del bien y del mal. No comas del fruto de ese árbol, porque si lo comes, ciertamente morirás».

Luego, Dios el Señor dijo: «No es bueno que el ser humano esté solo. Le voy a hacer alguien que sea una ayuda adecuada para él».

Y Dios el Señor formó de la tierra todos los animales y todas las aves, y se los llevó al primer ser humano para que les pusiera nombre. El primer ser humano les puso nombre a todos los animales domésticos, a todas las aves y a todos los animales salvajes, y ese nombre se les quedó. Sin embargo, ninguno de ellos resultó ser la ayuda adecuada para él.

Entonces Dios el Señor hizo caer al primer ser humano en un sueño profundo y, mientras dormía, le sacó una de las costillas y le cerró otra vez la carne. De esa costilla Dios el Señor hizo una mujer, y se la presentó, y, al verla, dijo: «¡Esta sí que es de mi propia carne y de mis propios huesos! Se va a llamar "mujer", porque Dios la sacó del hombre».

Por eso el hombre deja a su padre y a su madre para unirse a su esposa, y los dos llegan a ser como una sola persona (Del libro del Génesis 2,5-24).

Ahora bien, no se puede tomar al pie de la letra el lenguaje religioso que utilizan los mitos de la antigüedad y al cual la Biblia también recurre. Hace falta descubrir la riqueza simbólica de este lenguaje que permitió a los israelitas, al igual que a los pueblos de la antigüedad, proclamar la acción divina desde el principio de los tiempos para dar sentido al mundo en el que vivían y, particularmente, a la experiencia humana de ser pareja, cuya creación ocupa el centro de los dos relatos.

¿Quién es Jesús a quien llaman el Cristo?

Para los adolescentes, la pregunta en relación con Jesús, en este momento de su vida, puede ser: ¿quién es Jesús? Y seguramente quieren que les aclaren si es verdad que es el Hijo de Dios. Esas mismas preguntas, a lo mejor, se las hacen ustedes, los papás: ¿quién es ese hombre que vivió hace unos dos mil años y que influyó de manera muy especial en sus contemporáneos?, ¿quién fue Jesús de Nazaret?

Los evangelios cuentan que las gentes lo seguían, fascinadas por las obras que realizaba y las palabras que pronunciaba. Para oírlo recorrían los caminos sin preocuparse por la comida o el descanso. Para verlo pasar se subían a los árboles. Para acercarse a él desentejaron una casa. Para seguirlo dejaban oficio y familia.

Pero si hubiéramos sido contemporáneos de Jesús de Nazaret, ¿qué es lo que habríamos visto y oído?, ¿de qué habríamos sido testigos?, ¿qué habríamos oído contar?

Probablemente habríamos oído hablar de él o lo habríamos conocido: un hombre del pueblo, de una ciudad perdida de Galilea, que hablaba de una manera que llamaba poderosamente la atención. Habríamos visto o nos habrían contado que realizaba prodigios, que actuaba en forma poco común, que se atrevía a actuar y a hablar como ningún otro. A lo mejor lo habríamos oído o nos habrían contado que anunciaba la cercanía del reino de Dios y que llamaba a la conversión, que proponía un orden de valores diferente al que entonces imperaba.

Habríamos oído que sus palabras chocaban, pues decía que felices los pobres, los que lloran, los perseguidos, los que tienen hambre. Nos habrían contado que andaba interpretando la ley judía y que cuestionaba la autoridad de Moisés.

Habríamos sido testigos o nos habría llegado el chisme de que no cumplía con las prescripciones rituales judías: no ayunaba, no se lavaba antes de las comidas y no purificaba los objetos, violaba el descanso sabático para curar a la mujer encorvada, al ciego de nacimiento o al hombre de la mano seca.

Habríamos oído, o habríamos presenciado, que se metía con hombres y mujeres de «dudosa ortografía», que aceptaba a los pecadores y que se sentaba a la mesa con ellos.

También nos habría extrañado que perdonara a los pecadores y curara a los enfermos que le llevaban o salían a los caminos, aprovechando cada curación para anunciar las buenas noticias de Dios.

Seguramente nos habríamos sentido asombrados, porque algo en este hombre atraía y fascinaba, algo llamaba la atención. Ante él no era posible permanecer neutral y sólo quedaban dos alternativas: escandalizarse ante semejantes atrevimientos, criticarlo y condenarlo; o creer en él y seguirlo.

Si hubiéramos sido contemporáneos de Jesús y nos hubiéramos encontrado con él, nos habría pasado lo que les pasó a algunos de ellos: que su vida cambió porque en Jesús reconocieron la presencia de Dios y en el encuentro con él experimentaron la cercanía de Dios. Fueron los que lo siguieron.

O, de pronto, nos habría podido pasar lo que les pasó a los demás: no pudieron reconocer la presencia de Dios en Jesús porque el Dios que Jesús descubría no coincidía con la imagen que se habían hecho de Dios o no creyeron en él porque sus enseñanzas incomodaban. Fueron los que lo condenaron como blasfemo.

Y si hubiéramos sido contemporáneos de Jesús, nos habríamos preguntado: ¿quién es este que hace hablar a los mudos y oír a los sordos y ver a los ciegos?, ¿con qué autoridad perdona los pecados y se enfrenta a lo establecido y acostumbrado?, ¿cómo es que un tipo cualquiera habla de Dios como su Padre y se declara su enviado?, ¿de dónde habrá sacado todo eso que predica en las calles y en los campos?

El mismo evangelio de Lucas explica por qué Jesús atraía a las gentes, las conmovía y las transformaba, con estas palabras tomadas del libro del profeta Isaías que Jesús leyó un día en la sinagoga de Nazaret, lugar donde sus contemporáneos judíos se reunían para oír la lectura de las Escrituras:

> El Espíritu del Señor está sobre mí
> porque me ha consagrado
> para llevar la buena noticia a los pobres;
> me ha enviado a anunciar libertad a los presos
> y dar vista a los ciegos;
> a poner en libertad a los oprimidos;
> a anunciar el año favorable del Señor
> (Del evangelio de Lucas 4,14-21).

Es decir, que Jesús atraía a las gentes, las conmovía y las transformaba porque en él actuaba el Espíritu Santo.

También nos habríamos preguntado si hubiéramos sido contemporáneos de Jesús de Nazaret: ¿quién es él?, ¿por qué hace lo que hace y cómo lo hace?

Es la pregunta que le hicieron a Jesús los discípulos de Juan Bautista: «¿Eres tú el que ha de venir o debemos esperar otro?».

A esta pregunta Jesús respondió:

> Díganle a Juan lo que han visto y oído:
> los ciegos ven, los cojos andan,
> los leprosos quedan limpios y los sordos oyen,
> los muertos resucitan y a los pobres se les anuncia la buena noticia (Del evangelio de Mateo 11,4-5).

Es, también, la pregunta de Jesús a sus discípulos: «¿Quién dice la gente que soy yo?», «¿quién dicen ustedes que soy yo?».

A estas preguntas Pedro respondió, haciéndose vocero de los demás discípulos y proclamando la fe de la Iglesia de todos los tiempos:

> «Tú eres el Mesías, el Hijo de Dios vivo»
> (Del evangelio de Mateo 16,13-16).

Esta respuesta es la proclamación de la fe de la Iglesia de todos los tiempos: Jesús de Nazaret es el Mesías, el Cristo, el Hijo de Dios. Es el enviado de Dios y es Dios hecho hombre.

Y proclamar que Jesús es el Mesías, el Cristo, el Hijo de Dios es la intención del nuevo testamento, como lo declara el evangelio de Juan a manera de conclusión:

> Estas señales han sido escritas para que crean que Jesús es el Cristo, el Hijo de Dios (Del evangelio de Juan 20,31).

Por eso los evangelios manifiestan que Jesús es un hombre de Dios: habla de Dios y habla con Dios, sus palabras y sus obras son las obras de Dios, proclama que Dios está en él y a la petición de Felipe —que le muestre al Padre— Jesús responde sin rodeos:

> Tanto tiempo hace que estoy con ustedes y ¿no me conoces?
> El que me ha visto a mí, ha visto al Padre (Del evangelio de Juan 14,9).

No porque revele verdades, fórmulas, doctrinas, sino porque en cada gesto de Jesús, en cada palabra suya, en cada encuentro, quienes fueron capaces de abrir los ojos reconocieron la presencia de Dios.

A esta relación de Jesús con Dios —con el Padre Dios— la fe cristiana la ha interpretado como la filiación divina de Jesús. Es una de las verdades fundamentales del cristianismo —uno de sus dogmas— proclamada por el Concilio de Nicea reunido, en el año 325, para definir la relación de Jesús con Dios. Y esta verdad es la que proclamamos en el credo o Símbolo de Nicea que rezamos en la misa:

> Creemos en un solo Dios Padre omnipotente,
> creador de todas las cosas,
> de las visibles y las invisibles,
> y en un solo Señor Jesucristo
> Hijo único de Dios (Del Símbolo de Nicea, año 325).

Las preguntas acerca de Dios: ¿dónde está que no lo veo? y ¿cómo creer en un Dios que permite el mal?

Las preguntas de los adolescentes, respaldadas con argumentos ciertamente convincentes, suelen ser las siguientes: ¿dónde está Dios que no lo veo?, ¿para qué necesito creer en Dios?, ¿cómo puedo creer en un Dios que permite el mal?

Y a renglón seguido defienden su posición: no creo porque no entiendo; no creo porque no veo, como afirmaron los astronautas rusos cuando dijeron que no lo habían encontrado al explorar el espacio; no creo porque permite el mal. Etcétera. Etcétera. Etcétera. A lo mejor, ustedes han pensado lo mismo. Yo también.

Probablemente, tanto sus hijos como ustedes y yo, lo que hemos oído decir acerca de Dios nos ha confundido: que es un narcótico para poder evadirse de la realidad; que es un invento de la humanidad. Nos han dicho que es origen y causa de la vida, pero, entonces, ¿dónde queda la evolución? También hemos oído que es amor, pero, entonces, ¿por qué existe el mal?

Pero es preferible tener dudas y hacer cuestionamientos. Porque hay quienes prefieren no pensar en Dios para no complicarse la vida y por simple comodidad o, sencillamente, no les interesa resolver sus dudas.

También hay quienes no creen porque los mismos creyentes nos hemos encargado de deformar la imagen de Dios, haciéndola a nuestra medida: un Dios de sacristía a quien hay que rezarle de rodillas, que únicamente se interesa por las almas y que lleva la cuenta de nuestras prácticas religiosas y nuestras acciones. Un Dios a quien hay que temer y en quien es mejor no creer para que no incomode.

Pero ese no es el Dios de Jesús. El que Jesús nos muestra con su vida. El que se comunica con nosotros, el que sale a nuestro encuentro y se revela en la historia de un pueblo —el pueblo de Israel— y en la persona de Jesús.

Entonces, si el Dios de los cristianos es un Dios de amor y un Dios que libera, ¿por qué existe el mal?

Simplemente porque la causa del mal no es Dios, como tantas veces creemos o nos hacen creer. El mal físico no es obra de Dios:

- Las enfermedades no son obra de Dios sino de la naturaleza, que se equivoca o se defiende, aunque en muchas ocasiones las enfermedades son causadas por los mismos seres humanos al atentar contra la salud propia o la ajena.

- Los desastres naturales —por ejemplo, los terremotos y los tsunamis— tampoco son obra de Dios sino de la naturaleza, aunque más de uno puede ser ocasionado por los mismos seres humanos al atentar contra el equilibrio ecológico.

- La muerte no es obra de Dios. Es decir, Dios no manda la muerte: no dispara la bala asesina, no desata epidemias, no ordena la división desordenada de células en los tumores cancerosos, no obstruye los vasos sanguíneos para producir un paro cardiaco. La muerte es parte del ciclo vital de todos los seres vivientes, que crecen, nacen, se reproducen y mueren.

- Como tampoco son obra de Dios los desastres ocasionados por la injusticia y la falta de solidaridad, el egoísmo y la violencia, la deshonestidad y la envidia que Dios no puede evitar porque respeta la libertad humana y la decisión de hombres y mujeres de actuar en contra de otros hombres y mujeres o de actuar en contra de la naturaleza.

¡No creo en la Iglesia!

Tienen razón los adolescentes cuando, como muchos adultos, dicen que no creen en la Iglesia. Porque creen que la Iglesia es la jerarquía y muchas veces no están de acuerdo con las cosas que propone. Ni les gustan sus dirigentes —el Papa, los obispos y los presbíteros o sacerdotes— porque encuentran antipático el oficio que desempeñan o porque la vida de algunos de ellos resulta poco edificante.

Entonces, ¿cómo creer en la Iglesia?

Como creyeron los primeros cristianos, los que estaban en Jerusalén el día de Pentecostés: por la acción del Espíritu Santo.

¿Recuerdan que Jesús tenía una fuerza de atracción que conmovía y transformaba a las personas? Esa fuerza que atraía, conmovía, transformaba y ponía en movimiento a las gentes que se le acercaban era el Espíritu Santo. Y esta acción del Espíritu Santo en Jesús se continuó en la primera comunidad cristiana.

Por eso los que se iban uniendo a la comunidad se sentían atraídos, conmovidos y transformados por el testimonio de amor y de unión que daban aquellos primeros creyentes, pero fundamentalmente porque el Espíritu Santo actuaba en ellos.

El libro de los Hechos de los apóstoles, que habla de los primeros pasos de la Iglesia por el mundo, narra el acontecimiento de Pentecostés y presenta cómo vivían los primeros cristianos, los que aceptaron las enseñanzas de Jesús predicadas por los apóstoles después de Pentecostés:

> Todo el mundo estaba impresionado por los mismos prodigios y señales que los apóstoles realizaban. Los creyentes vivían todos unidos y lo tenían todo en común; vendían posesiones y bienes y los repartían entre todos según la necesidad de cada uno. A diario frecuentaban el templo en grupo, partían el pan en las casas y comían juntos alabando a Dios con alegría y de todo corazón, siendo bien vistos de todo el pueblo; y día tras día el Señor iba agregando al grupo los que se iban salvando (Del libro de los Hechos de los apóstoles 2,42-47).

También así tendría que ser la Iglesia hoy. La que, por la acción del Espíritu Santo, estamos llamados a realizar todos los bautizados y las bautizadas:

- Una Iglesia que sea verdaderamente signo de la unión de todas las personas entre sí y con Dios.

- Una Iglesia que realice el prodigio de servir a todas las personas, de defender a los oprimidos, de luchar por la justicia, de acoger a los desposeídos y los despreciados.

- Una Iglesia que manifieste el amor a Dios en el amor a todos los hombres y todas las mujeres.

- Una Iglesia preocupada por las necesidades de la humanidad, que comparta con quienes tienen dificultades económicas, que consuele a los tristes, que ilumine en la desesperanza.

- Una Iglesia alegre, llena de vida y optimismo.

- Una Iglesia que ora.

- Una Iglesia que salva al mundo de la desesperanza, del sinsentido, de la insensibilidad, de la violencia y la injusticia.

- Una Iglesia que hace presente a Jesús Resucitado.

- Una Iglesia que es, como lo confesamos en el credo, una, santa, católica y apostólica.

¿Pero saben por qué la Iglesia es «una»? Porque la acción del Espíritu Santo une a las personas entre sí y realiza la unidad en el amor. Y así como animaba a los primeros cristianos a compartir y a tener un solo corazón, sigue animándola hoy: cada vez que cada uno de nosotros es capaz de descubrir que alguien nos necesita y cuando compartimos el dolor de un amigo o comunicamos nuestra alegría, cuando perdonamos y hacemos las paces, el Espíritu Santo está actuando en nuestras vidas y estamos construyendo la unidad. Pero también con nuestros egoísmos entorpecemos la unión y contribuimos a las divisiones y a la falta de unión.

¿Y saben por qué la Iglesia es «santa»? Porque el Espíritu Santo transforma a los hombres y las mujeres, nos hace santos y nos hace santas. Esta acción del Espíritu hace a la Iglesia santa, es decir, comunidad de hombres y mujeres transformados. Por eso cada uno de nosotros puede contribuir a la santidad de la Iglesia dejando que el Espíritu nos transforme y nos haga capaces de anunciar el amor de Dios con nuestras vidas. O podemos oscurecer la santidad de la Iglesia con nuestros egoísmos y nuestra mediocridad.

En el credo proclamamos, también, que la Iglesia es «católica». ¿Saben qué significa esta palabra? Jesús confió a los apóstoles la misión de llevar su mensaje a todas las gentes y hasta los confines del mundo. Y cuando por acción del Espíritu Santo la Iglesia llegó a todo el mundo entonces conocido, que era el Imperio Romano, se la llamó «católica», que quiere decir «universal». Ahora bien, la tarea de difundir el evangelio, no sólo con palabras sino con obras, es de todos los bautizados y las bautizadas, por la acción del Espíritu que nos comunica la posibilidad de dar testimonio del amor de Dios. Pero de la misma manera que podemos contribuir a que el amor de Dios se haga presente, también podemos impedir que la buena noticia del amor de Dios llegue a las personas y, en lugar de acercarlas al amor de Dios, podemos alejarlas.

Por último, ¿saben qué significa que la Iglesia es «apostólica»? Que es la comunidad de apóstoles que prolonga la misión que Jesús confió a los primeros apóstoles: anunciar las buenas noticias del amor de Dios. Ser testigos de su amor. Y apóstoles somos, también, todos los bautizados y todas las bautizadas, a quienes el Espíritu de Dios nos llama a ser parte de la Iglesia y nos envía: nos hace apóstoles, que quiere decir enviados y enviadas. Pero también podemos ser obstáculo para que el amor de Dios se haga presente en el mundo.

De ahí se deduce la responsabilidad de todas las bautizadas y todos los bautizados. Además, permite reconocer que todos podemos fallar, pero que el amor y el entusiasmo de muchos puede suplir el egoísmo y la pereza de otros tantos.

Y es aquí donde se ubica el compromiso de la confirmación, el sacramento por el cual bautizados y bautizadas asumimos y ejercemos nuestra responsabilidad en la vida de la Iglesia.

Porque de la misma manera como nadie se hace profesional por su inscripción en la universidad, no basta haber «recibido» el bautismo, pues no nos hacemos cristianos o cristianas simplemente por un rito. Y así, como para llegar a ser alguien en la vida hace falta un proceso que implica preparación, capacitación y constante perfeccionamiento, proceso en el cual ocupan lugar importante ciertos momentos especiales como el grado de bachiller, en el que públicamente se reconoce que alguien está dentro de un proceso pero que no ha llegado a la meta, o el grado universitario, en el que se reconoce, públicamente, también, que alguien está capacitado para ejercer una profesión pero que todavía le falta mucho camino por recorrer, el sacramento de la confirmación es uno de los momentos del proceso de hacerse cristiano.

Es el sacramento de la responsabilidad de bautizados y bautizadas en la vida de la Iglesia y la celebración es el reconocimiento que la Iglesia da a la decisión de participar activamente en la misión que Cristo le confió.

El obispo preside esta ceremonia, como representante de la Iglesia, y cuando no puede asistir envía a un sacerdote como delegado suyo. El obispo impone las manos sobre la cabeza de la persona que se confirma y la consagra con la unción del óleo, gestos, ambos, que significan «enviar para realizar una misión». Significan, además, la fuerza del Espíritu Santo para anunciar el evangelio con la vida. Significan que la Iglesia confía una responsabilidad que hay que asumir conscientemente. Esta es la misión que la Iglesia confía a los confirmados y para la cual los envía a anunciar el evangelio, la buena noticia del amor de Dios en el mundo: amor que se visibiliza como respeto, servicio, solidaridad, justicia, tolerancia.

Los apóstoles empleaban este gesto de imposición de manos cuando enviaban a sus colaboradores. Y en el antiguo testamento también se utilizaba el mismo signo para consagrar a un individuo para una misión, porque en el lenguaje religioso de la tradición judeocristiana significa la comunicación de la fuerza del Espíritu. Los reyes de Israel, por ejemplo, eran ungidos: se derramaba aceite sobre sus cabezas al consagrarlos para cumplir su misión.

Por la confirmación, el Espíritu de Dios recibido en el bautismo viene sobre quienes se confirman como vino sobre los apóstoles y María el día de Pentecostés, cuando, por esta comunicación del Espíritu, la primera comunidad cristiana quedó transformada y se puso en movimiento para anunciar el evangelio.

La celebración de la confirmación es el Pentecostés de cada cristiano y cada cristiana para ser capaces de ser testigos del amor en el mundo en que vivimos, como lo hacían los primeros cristianos en el mundo en el que ellos vivieron: testigos del amor de Dios con nuestra comprensión, con nuestra generosidad, con nuestra capacidad de servicio, con nuestra preocupación por las demás personas, con nuestra honestidad.

El evangelio de Lucas pone en los labios de Jesús estas palabras de Isaías que se leen en la celebración de la confirmación:

> El Espíritu del Señor está sobre mí
> porque el Señor me ha consagrado;
> me ha enviado a dar buenas noticias a los pobres;
> a aliviar a los afligidos,
> a anunciar libertad a los presos,
> libertad a los que están en la cárcel;

a anunciar el año favorable del Señor
(Del libro de Isaías 61,1-3).

En la celebración de la confirmación, estas palabras de Isaías se convierten en proyecto, como lo hizo Jesús al inaugurar su misión en la sinagoga de Nazaret.

Porque por la acción del Espíritu, confirmadas y confirmados nos comprometemos a anunciar la buena noticia a los que sufren, a consolar a los afligidos, a vendar los corazones desgarrados, a proclamar la liberación de los oprimidos, a cambiar la tristeza en alegría. Lo cual, en términos actuales, quiere decir que el Espíritu nos mueve:

- A hacer presente el amor, a comunicar nuestra alegría, a trabajar con responsabilidad y servir con generosidad.

- A construir una sociedad solidaria, en la que todas las personas tengan lo indispensable y a nadie le falte lo necesario.

- A luchar para que haya libertad, para que haya justicia y paz, para que todos los seres humanos sean respetados.

- A construir un mundo más humano en la fe y la esperanza, la solidaridad y la justicia, la honestidad y la paz.

¡No quiero ir a misa!

Tienen razón. Tienen muchísima razón en su rechazo, porque todo lo que se presenta como obligatorio resulta poco atractivo y, con frecuencia, sencillamente antipático.

¿Se imaginan cómo serían las reuniones en casa de los abuelos si en lugar de ser ocasión de encuentro familiar fueran una aburrida obligación? ¿O una fiesta de amigos y amigas a la que asistiéramos sólo por cumplir?

A lo mejor es eso lo que nos pasa con la misa dominical que, en vez de ser ocasión de encuentro con Dios y con las demás personas, la hemos reducido a un rito cuyo sentido desconocemos y una aburridora obligación que tenemos que cumplir.

Ahora bien, la misa —o eucaristía, que es como se denomina esta celebración— es un encuentro de la familia de hijos de Dios o una reunión de amigos y amigas de Jesús: encuentro para alabar a Dios; encuentro para compartir un mismo pan, una misma fe, un mismo amor; encuentro que pone en camino para vivir unidos en el amor y convivir en paz. Es, por lo tanto, experiencia de estar unidos unos con otros y todos juntos con Dios: es decir, experiencia de comunión.

Es, también, una acción de gracias —es lo que significa la palabra eucaristía— al Padre Dios por su amor, por la vida, por Jesús, por todo lo que descubrimos en la vida como regalo.

Es compartir y celebrar el amor de Jesús por nosotros y el amor entre nosotros, tal como lo expresamos en la comunión eucarística al compartir el cuerpo de Cristo.

Es oportunidad para alabar a Dios, agradecerle, pedirle ayuda, pedir perdón y estar unidos con Dios y con las demás personas.

Es repetición de la primera eucaristía que Jesús celebró con los discípulos y de la cual da cuenta, entre otros textos neotestamentarios, la carta que Pablo escribió a los cristianos de Corinto de hace dos mil años y a nosotros:

> Yo recibí del Señor una tradición que a mi vez les he transmitido: Que el Señor Jesús, la noche en que fue entregado, tomó pan, dio gracias, lo partió y dijo:
>
> «Esto es mi cuerpo que se entrega por ustedes. Hagan esto en memoria mía».
>
> Lo mismo hizo con el cáliz, después de cenar, diciendo:
>
> «Este cáliz es la nueva alianza sellada con mi sangre; hagan esto en memoria mía» (De la primera carta a los cristianos de Corinto 11,23-25).

Por eso los amigos y amigas de Jesús e hijos e hijas del Padre Dios nos reunimos para celebrar el amor de Dios, para compartir el cuerpo y la sangre de Jesús, para reconocernos hijos del Padre Dios, para sentirnos unidos, entre nosotros como hermanos, y como hijos con nuestro Padre Dios, para comprometernos a vivir en el amor.

Como toda reunión o encuentro de familia o amigos, la eucaristía comienza con un saludo y termina con una despedida, y, entre el saludo y la despedida, se comparten noticias y se comparte una comida.

Son las cuatro partes de la misa, cuya explicación se presenta a continuación y que, a lo mejor, puede servirles para entender todo lo que habitualmente hacemos y decimos, muchas veces sin saber el porqué ni el «paraqué»:

La primera parte de la misa: saludos y oraciones.

En la primera parte de la misa, quienes creemos en Jesús y hemos aceptado vivir al estilo de él, nos sentimos comunidad y nos saludamos diciendo:

En el nombre del Padre y del Hijo y del Espíritu Santo.

Y el padre, en nombre de la Iglesia saluda con estas palabras u otras parecidas:

La gracia de nuestro Señor Jesucristo, el amor del Padre y la comunión del Espíritu Santo estén con todos ustedes.

A lo cual todos respondemos:

Y con tu espíritu.

Enseguida, recordamos el sacramento de la reconciliación, cuando Dios nos perdona por alejarnos de su amor, diciendo:

Yo confieso
ante Dios todopoderoso y ante vosotros, hermanos,

que he pecado mucho de pensamiento, palabra, obra y omisión,
cometidos por mi culpa, por mi culpa, por mi gran culpa.

Por eso ruego a Santa María siempre Virgen,
a los ángeles, a los santos y a ustedes, hermanos,
que intercedan por mí ante Dios, nuestro Señor.
Dios Todopoderoso tenga misericordia de nosotros,
perdone nuestros pecados y nos lleve a la vida eterna.
Amén.

Después de esta oración, unidos cantamos o rezamos:

Señor, ten piedad.
Cristo, ten piedad.
Señor, ten piedad.

Esta primera parte de la misa termina con dos oraciones: el gloria y una oración de petición.
Primero, alabamos a Dios cantando o diciendo:

Gloria a Dios en el cielo
y en la tierra paz a los hombres que ama el Señor.
Por tu inmensa gloria
te alabamos,
te bendecimos,
te adoramos,
te glorificamos,
te damos gracias,
Señor Dios, Rey celestial,
Dios Padre todopoderoso.
Señor Hijo único, Jesucristo,
Señor Dios, Cordero de Dios, Hijo del Padre:
tú que quitas el pecado del mundo, ten piedad de nosotros;
tú que quitas el pecado del mundo, atiende nuestra súplica;
tú que estás sentado a la derecha del Padre, ten piedad de

nosotros:

porque sólo tú eres Santo,
sólo tú Señor,
sólo tú Altísimo, Jesucristo,
con el Espíritu Santo en la gloria de Dios Padre. Amén.

Y luego pedimos a Dios su ayuda en una oración para la cual el padre invita diciendo: «Oremos», y todos respondemos: «Amén».

La segunda parte de la misa: liturgia de la palabra.

La segunda parte de la misa es la liturgia de la palabra, cuando oímos la lectura de la palabra de Dios que hace el lector desde el ambón o a un lado del altar.

Por lo general, se leen cuatro textos de la Biblia:

- Uno del antiguo testamento.

- Otro del nuevo testamento.

- Un salmo.

- El evangelio.

Antes de iniciar la lectura, el lector anuncia lo que va a leer y, en el evangelio, todos respondemos:

Gloria a ti, Señor.

Al terminar de leer el texto de la Biblia, el lector proclama:

Esta es palabra de Dios.

Y todos respondemos:

Te alabamos, Señor.

Después del evangelio, el padre hace la homilía, que es la explicación de las lecturas y todos juntos proclamamos la fe de la Iglesia —el credo— que el día de nuestro bautismo, nuestros papás y nuestros padrinos profesaron por nosotros:

> Creo en Dios Padre todopoderoso,
> creador del cielo y de la tierra.
>
> Creo en Jesucristo, su único Hijo, nuestro Señor,
> que fue concebido por obra y gracia del Espíritu Santo;
> nació de Santa María Virgen;
> padeció bajo el poder de Poncio Pilato,
> fue crucificado, muerto y sepultado;
> descendió a los infiernos, al tercer día resucitó de entre los muertos,
> subió a los cielos y está sentado a la derecha de Dios Padre;
> y desde allí ha de venir a juzgar a los vivos y a los muertos.
>
> Creo en el Espíritu Santo,
> la santa Iglesia católica,
> la comunión de los santos,
> el perdón de los pecados, la resurrección de los muertos y la vida eterna.
> Amén.

Al concluir la liturgia de la palabra, como comunidad reunida en nombre de Jesús, juntos presentamos a Dios nuestras necesidades en la oración de los fieles.

La tercera parte de la misa: la liturgia eucarística.

En la tercera parte de la misa, la liturgia eucarística, ofrecemos al Padre Dios el pan y el vino en los que Jesús se hace presente en la eucaristía, y, al final, compartimos el cuerpo de Cristo en la comunión.

En la presentación de las ofrendas, el padre ofrece el pan y el vino con las siguientes oraciones de alabanza:

Bendito seas, Señor, Dios del universo, por este pan,
fruto de la tierra y del trabajo de las personas,
que recibimos de tu generosidad y ahora te presentamos:
él será para nosotros pan de vida.
Bendito seas, Señor, Dios del universo, por este vino,
fruto de la vid y del trabajo de las personas,
que recibimos de tu generosidad y ahora te presentamos:
él será para nosotros bebida de salvación.

Y a cada una de las dos oraciones, todos respondemos:

Bendito seas por siempre, Señor.

Enseguida, el padre invita a la oración diciendo:

Oremos, para que este sacrificio sea agradable a Dios, Padre todopoderoso.

A lo cual todos respondemos:

El Señor reciba de tus manos este sacrificio, para alabanza y gloria de su nombre, para nuestro bien y el de toda su santa Iglesia.

Entonces comienza la oración de acción de gracias con el siguiente diálogo entre el padre y la comunidad:

El Señor esté con vosotros.
Y con tu espíritu.
Levantemos el corazón.
Lo tenemos levantado hacia el Señor.
Demos gracias al Señor, nuestro Dios.
Es justo y necesario.

La Iglesia tiene diferentes oraciones de alabanza y acción de gracias o prefacios y cánones, según la ocasión, pero todas agradecen a Dios por su amor, por la vida, por Jesús.

Al final de la primera plegaria, que es el prefacio, se canta o se dice una muy antigua alabanza a Dios tres veces santo:

> ¡Santo! ¡Santo! ¡Santo es el Señor, Dios del universo!
> Llenos están el cielo y la tierra de tu gloria.
> Hosanna en el cielo.
> Bendito el que viene en el nombre el Señor.
> Hosanna en el cielo.

En la plegaria eucarística, en nombre de la Iglesia, el padre repite las palabras y la acción de Jesús en la última comida con sus discípulos, cuando celebró la primera eucaristía

> Cuando él iba a ser entregado a su pasión, voluntariamente aceptada,
> tomó pan, dándote gracias,
> lo partió y lo dio a sus discípulos, diciendo:
>
> Tomen y coman todos de él:
> porque esto es mi cuerpo
> que será entregado por ustedes.
>
> Del mismo modo, acabada la cena, tomó el cáliz y,
> dándote gracias de nuevo, lo dio a sus discípulos diciendo:
>
> Tomen y beban todos de él
> porque este es el cáliz de mi sangre,
> sangre de la alianza nueva y eterna
> que será derramada por ustedes
> y por todos los hombres
> para el perdón de los pecados.
>
> Después les dijo:
> Hagan esto en conmemoración mía.

Y luego de repetir las palabras y la acción de Jesús en la última comida con sus discípulos, el padre proclama que la eucaristía es el sacramento de la fe y todos aclamamos:

Anunciamos tu muerte, Señor.
Proclamamos tu resurrección.
Ven, Señor, Jesús.

Después se ora por toda la Iglesia y, antes de comulgar, nos dirigimos al Padre Dios con la oración que Jesús nos enseñó:

Padre nuestro, que estás en el cielo,
santificado sea tu nombre,
venga tu reino,
hágase tu voluntad en la tierra como en el cielo.
Danos, hoy, nuestro pan de cada día,
perdona nuestras ofensas,
como nosotros perdonamos a los que nos ofenden,
y no nos dejes caer en la tentación, mas líbranos de mal.

Y habiendo reconocido que somos hijos del Padre Dios en la oración del padrenuestro, expresamos que somos hermanos y hermanas dándonos un saludo de paz y diciendo:

La paz sea contigo.
Y con tu espíritu.

Luego recordamos las palabras de Juan Bautista cuando vio a Jesús, y las repetimos tres veces:

Cordero de Dios, que quitas el pecado del mundo:
Ten piedad de nosotros.
Cordero de Dios, que quitas el pecado del mundo:
Ten piedad de nosotros.
Cordero de Dios, que quitas el pecado del mundo:
Danos la paz.

Antes de recibir a Jesús, decimos las palabras del capitán romano que tenía un criado enfermo:

> Señor, no soy digno(a) de entrar en tu casa, pero una palabra tuya bastará para sanarme.

En seguida, al pasar a recibir el cuerpo y la sangre de Jesús en la comunión, el padre dice a cada persona:

> El cuerpo de Cristo.

Y la persona que comulga responde: «Amén».

Finalmente, el padre hace una oración para después de la comunión a la que todos respondemos: «Amén».

La cuarta parte de la misa: la despedida.

La cuarta parte de la misa es la despedida, cuando el padre bendice a los amigos y amigas de Jesús, hijos del Padre Dios, diciendo:

> La bendición de Dios todopoderoso, Padre, Hijo y Espíritu Santo, descienda sobre todos nosotros.

A lo cual todos respondemos:

> Amén.

Finalmente, nos comprometemos a vivir como hermanos y somos enviados a ser testigos del amor de Dios y a ser portadores e instrumentos de paz. Por eso el padre dice:

> Podemos ir en paz.

A lo cual respondemos:

> Demos gracias a Dios.

Así concluye la celebración de la eucaristía y nos vamos, sintiéndonos más unidos y unidas con Dios y con las demás personas a vivir la eucaristía que hemos celebrado.

¡No estoy de acuerdo con la Iglesia!

También tienen razón los adolescentes cuando manifiestan no estar de acuerdo con las normas de la Iglesia. A lo mejor yo comparto su rechazo, pero por la forma como, aparentemente, la jerarquía de la Iglesia impone obligaciones y, sobre todo, prohibiciones. Y, muchas veces, sin razones que resulten válidas, pues uno de los principales argumentos es que así lo ha mandado la Iglesia en otros momentos de su historia.

Los ejemplos son numerosos, desde la obligación de ir a misa los domingos —el llamado precepto dominical— hasta el «no matar» y el «no robar» de la ley mosaica que el cristianismo del siglo V asumió desde una preocupación eminentemente pedagógica. Y entre estas dos normas se ubican diversas prohibiciones, muchas de ellas relacionadas con la sexualidad y la vida de pareja: no al condón, no a los métodos artificiales de control de la natalidad, no al divorcio.

Ahora bien, la moral cristiana no es una moral de prohibiciones sino una invitación, al mismo tiempo que posibilidad, para vivir un estilo de vida que implica el respeto por la vida, la honra y los bienes de las demás personas, que es el sentido de los «mandamientos» que entregó Dios a Moisés, pero que en la perspectiva del nuevo testamento se plantean desde la perspectiva del «mandamiento del amor».

En cuanto a las razones para prohibir los métodos de control natal, incluido el condón, creo que provienen de la preocupación del magisterio de la Iglesia por repetir lo que tradicionalmente ha enseñado.

Por eso vale la pena recordar, aquí, que la primera reflexión del cristianismo sobre la vida de pareja se encontró con herejías que despreciaban el sexo, el matrimonio y la procreación y que dicha primera reflexión se hizo desde una visión dualista del ser humano en la que se despreciaba lo material y, por lo tanto, el cuerpo y el sexo. La Iglesia se encontró también con el principio estoico del dominio de la pasión por la razón y formuló la doctrina que ha llegado hasta épocas recientes: en el matrimonio, la procreación hace bueno el acto conyugal. Y con esta doctrina condenó las herejías que rechazaban el matrimonio, pero también introdujo la preocupación procreacionista en la moral católica hasta juzgar como bueno o malo el acto conyugal según su capacidad reproductiva. Posteriormente, en tiempos más recientes, el criterio de moralidad era la conformidad con la naturaleza, por lo cual pareciera que impedir la procreación sería ir contra la naturaleza.

Además, hasta los pronunciamientos del magisterio de la primera mitad del siglo XX se consideraba que todo acto conyugal estaba natural e intrínsecamente ordenado para la procreación. El descubrimiento del óvulo en el siglo XIX y de los periodos fecundos y no fecundos de la mujer a principios del XX, junto con los cambios sociales y una visión integral del ser humano, llevaron a la Iglesia a replantear su enseñanza tradicional sobre la sexualidad, manteniendo la misma preocupación de todos los siglos: que tenga un sentido humano y que no sea fuerza destructiva de las personas y de la sociedad. Sin embargo, el asunto de los métodos artificiales de control natal, a los ojos del magisterio oficial, sigue pareciendo contrario a la naturaleza. Pero contrario a la naturaleza serían, también, los antibióticos, los antipiréticos, el marcapaso o las prótesis.

El rechazo al divorcio también puede verse como simple capricho de la jerarquía si no se mira como invitación y posibilidad de no fracasar como pareja. Por eso podría decirse que más que un «no al divorcio» lo que la Iglesia propone es un «no al fracaso de pareja», que es como se plantea en la cuarta parte de este libro.

¿Y la misa dominical? Más que una obligación que hay que cumplir es posibilidad de celebrar el encuentro con Dios y con la comunidad.

¿Para qué sirve rezar?

Esta es una pregunta que no sólo se plantean los adolescentes. Los hechos del diario vivir plantean, una y otra vez, la ineficacia de la oración y se oyen las quejas de los que sí rezan al mismo tiempo que los reclamos de los que concluyen que no vale la pena rezar. Aunque, también de vez en cuando, se sabe que algún milagro ha ocurrido o somos testigos de cómo la fe permite enfrentar las dificultades.

A lo mejor esta incredulidad se debe a que se confunde «magia» con «oración» y recurrimos a la oración para lograr lo que nos interesa o queremos conseguir. Como quien dice, para poner a Dios de nuestra parte y que las cosas salgan como queremos que salgan.

Por eso rezamos cuando llega la enfermedad, el sufrimiento, el dolor, la muerte. Y esperamos, así, curar al enfermo, evitar el sufrimiento, calmar el dolor, prolongar la vida. Sin embargo, las enfermedades siguen su curso, el dolor y el sufrimiento resultan implacables y la muerte termina siendo inevitable. ¿Dónde está Dios que no oye las oraciones? ¿Por qué no viene en ayuda de los que le piden, con fe, que cambie su situación?

Lo que pasa es que olvidamos que Dios no contradice las leyes de la naturaleza ni es responsable de los errores de la naturaleza y de los daños ocasionados por los mismos seres humanos que son causa de enfermedad, sufrimiento, dolor e incluso muerte.

Entonces, ¿para qué sirve la oración?

La oración sirve para darles sentido a los momentos de dificultad, para enfrentarlos con valor, para luchar y salir adelante o para aceptar la realidad por dolorosa que sea. Para eso sirve rezar. Y es entonces cuando la fe puede lograr curaciones y calmar el dolor.

Pero no solamente hay que hablar con Dios desde el dolor. También hay que hacerlo desde la alegría. Y algunas veces hay que hablarle desde la fe y desde la incredulidad, desde la esperanza y desde la desesperanza, desde el amor y desde el desamor. Porque cualquier circunstancia es apropiada para dejar que nuestras oraciones puedan salir del fondo del corazón, tanto cuando necesitamos a Dios como cuando nos sentimos autosuficientes, cuando la vida nos sonríe y cuando estamos «en la olla».

Asimismo, en cualquier lugar y a cualquier hora podemos rezar: en un semáforo y en la sala de espera, en la madrugada y antes de dormir, en medio de una multitud y en la soledad, en el silencio del campo y en el bullicio de la gran ciudad. Siempre y en todas partes nuestras oraciones suben al cielo para agradecer a Dios y pedirle perdón, otras veces son oraciones de alabanza y de petición.

Algunas veces podemos rezar con oraciones formales que los creyentes han repetido desde tiempos inmemoriales: con oraciones de la Biblia, como los salmos y la oración que nos enseñó Jesús para dirigirnos al Padre Dios, con oraciones con las que la Iglesia celebra la fe, con las oraciones que aprendimos de niños.

Además de la oración que Jesús nos enseñó, una posible pista para aprender a rezar es la que ofrecen los salmos de la Biblia, que son, a un mismo tiempo, poesía y oración. Al fin y al cabo, expresan una experiencia religiosa y, por eso, están llenos de símbolos para alabar a Dios, darle gracias, pedirle ayuda o perdón. Algunos claman justicia, otros contienen meditaciones sobre el sentido de la vida, muchos expresan confianza en Dios.

La colección de 150 salmos nació en el templo de Jerusalén donde el pueblo de Israel se reunía para celebrar su fe. Allí, los salmos fueron escritos o, mejor, cantados a lo largo de muchos siglos, y su interpretación debía estar acompañada de música de instrumentos como cítaras, flautas y arpas, pues el texto de algunos de ellos así lo precisa.

Aunque se suelen atribuir al rey David, quizás por la costumbre que se tenía de escribir en nombre de un patrocinador, su autor es el pueblo de Israel que expresaba en estos cantos su experiencia de Dios que estaba salvando.

Los siguientes son apartes de algunos de estos salmos que se encuentran en el antiguo testamento y que, además, se rezan en la misa porque la Iglesia los ha incluido en su liturgia.

- Este salmo expresa confianza en Dios que día y noche nos protege:

Tú, Señor, eres mi escudo protector,
eres quien siempre me anima.
Cuando pido ayuda al Señor,
él me contesta desde su monte santo.
Puedo acostarme y dormir y despertar,
porque el Señor me cuida y me protege
(Del Salmo 3,3-5).

- En este otro salmo podemos pedirle a Dios que escuche nuestras oraciones, que nos bendiga y nos proteja:

Señor, escucha mis palabras,
atiende a mis ruegos,
oye mis súplicas,
pues a ti elevo mi oración.

Por la mañana, tú escuchas mi voz;
muy temprano te cuento lo que me pasa,
y confío en tu respuesta
porque tú, Señor, bendices a quienes practican la justicia
y como un escudo los proteges
(Del Salmo 5,1-3.13).

- Este es un salmo de alabanza a Dios y reconocimiento por el mundo en el que vivimos y todo lo que hay en él, principalmente por la condición humana y su superioridad sobre el resto de la creación:

Cuando contemplo el cielo que tú mismo hiciste,
y la luna y las estrellas que pusiste en él,
pienso: ¿Qué es el ser humano?
¿Por qué lo recuerdas y te preocupas por él?

Pues lo hiciste casi como un dios,
lo rodeaste de honor y dignidad,
le diste autoridad sobre tus obras,
lo pusiste por encima de todo:
sobre las ovejas y los bueyes,
sobre los animales salvajes,
sobre las aves que vuelan por el cielo,
sobre los peces que viven en el mar.

Señor, dueño nuestro,
¡Grande es tu nombre en toda la tierra!
(Del Salmo 8,4-10)

- Este salmo expresa agradecimiento y con alegría proclama las maravillas que Dios hace:

Te doy gracias, Señor, con todo el corazón
proclamando tus maravillas.
Quiero gritar de alegría
y cantar himnos en honor a tu nombre
(Del Salmo 9,1-2).

- Y otro salmo para expresar confianza en Dios y, al mismo tiempo, pedir su ayuda:

¡Protégeme, Dios mío, en ti busco protección!

Yo te he dicho: «Tú eres mi bien;
nada es comparable a ti».
Tú me colmas de bendiciones;
mi vida está en tus manos.

Bendeciré al Señor, porque él me guía,
y en lo íntimo de mi ser me corrige por las noches.
Siempre tengo presente al Señor;
con él a mi lado, nada me hará caer:
por eso se me alegra el corazón.

Me mostrarás el camino de la vida y
me llenaré de alegría en tu presencia
(Del Salmo 16,1-11).

Y después de esta vida ¿qué hay?, ¿qué pasa después de la muerte?

La pregunta acerca de qué pasa o qué hay después de la muerte es una de las mayores preocupaciones de los seres humanos de todos los tiempos. Con certeza, nada sabemos pero las posibles respuestas las ofrecen las religiones, cada una desde su horizonte de comprensión y desde sus circunstancias históricas, pero todas coinciden en suponer que hay un premio y un castigo.

En esta encrucijada se vislumbra, como sentimiento universal, la búsqueda de salvación, bajo cualquiera de sus formas y que tiene que ver con la condición existencial del ser humano: limitado en sus aspiraciones, consciente de sus limitaciones y de su finitud, pero también abierto a un absoluto que lo trasciende y responsable de su propia conducta.

Pero hay que intentar una respuesta para las preguntas de los adolescentes acerca de lo que pasa después de la muerte o qué hay después de esta vida, que es, también, la pregunta que todos nos hacemos.

Aunque la vida ciertamente no es blanca ni es negra, pues se despliega en todas las gamas de los grises, salta a la vista que los seres humanos vivimos experiencias del bien y experiencias del mal que se suceden unas a otras en forma ininterrumpida hasta alcanzar, después de la muerte y en definitiva, la plenitud del bien o la total ausencia de esa plenitud. Que es lo que llamamos, respectivamente, «cielo» e «infierno» y que no son lugares sino estados o, más bien, experiencias: el uno, como la salvación eterna; y el otro, como condenación definitiva.

Es lo que suponemos que hay después de esta vida, como prolongación y en continuidad con las decisiones que hayamos tomado con respecto al bien y al mal. O, más concretamente, con respecto a Dios y a las demás personas: el amor o el desamor, la aceptación del amor de Dios o el rechazo, y, de pasada, aceptación o rechazo de las demás personas en una relación que construye o destruye.

Pero, ¿qué es el bien y qué es el mal? Sin entrar en disquisiciones filosóficas al respecto, el bien «es aquello que puede perfeccionar a un ente y, por lo tanto, es apetecible para él», como lo define la filosofía, mientras que el mal se define como «la falta de aquella bondad (perfección, plenitud de ser) que debería corresponderle de conformidad con su esencia total».

Traducidas estas definiciones a la vida de todos los días, experiencias del bien son esos momentos que uno quisiera que no se acabaran, como cuando estamos reunidos y unidos con las demás personas, cuando nos sentimos en armonía con nosotros mismos y con la naturaleza, cuando reinan la paz y la justicia en el mundo en que vivimos, cuando Dios está con nosotros y nosotros estamos en comunión con Dios.

Las experiencias del mal, relativas a dichas experiencias del bien, están por consiguiente asociadas a momentos en los que no estamos en armonía con las demás personas o nos sentimos interiormente «rotos», cuando la naturaleza nos amenaza, cuando hay peleas a nuestro alrededor, cuando en el mundo hay violencia a causa de la injusticia, cuando nos alejamos del amor de Dios.

En cierta forma, la experiencia del bien tiene algo que ver con el amor que implica comunión y con la felicidad que es resultado de la comunión en el amor, al paso que la experiencia del mal tiene que ver con la ausencia de amor, la desunión con las demás personas y, consiguientemente, infelicidad, fracaso, frustración.

Por eso las grandes aspiraciones de la humanidad a nivel personal y social, después de la satisfacción de las necesidades vitales, tienen que ver con esta plenitud que se experimenta en la unión con las demás personas y en la comunión con Dios, en la armonía consigo mismo y con la naturaleza, en la paz y la justicia en las relaciones entre los individuos, los grupos y los pueblos.

De igual manera, los grandes temores de la humanidad a nivel personal y social tienen que ver, después de la no satisfacción de las necesidades vitales, como el hambre, la enfermedad y la muerte, entre otras, con la conflictividad en las relaciones con las demás personas, con el conflicto interior, con las agresiones de la naturaleza y de los seres humanos, con el alejamiento de Dios.

Estas dos experiencias, comunión y ruptura, sirven como telón de fondo para interpretar la salvación eterna y la condenación o frustración definitivas, es decir, el cielo y el infierno que comienzan a vivirse, en el aquí y en el ahora, en la forma de relacionarnos con Dios y con los demás.

Ahora bien, la interpretación religiosa de la experiencia del bien y la experiencia del mal corresponde al contexto cultural y al sistema ético de cada grupo religioso y, en cierta manera, de cada generación, aunque muy frecuentemente muchas interpretaciones suelen coexistir en una misma circunstancia histórica.

En esta perspectiva, caben variadas formas de experiencia y sus correspondientes simbolismos para interpretar y expresar tanto la experiencia de plenitud como la experiencia del conflicto, es decir, la experiencia del bien y la experiencia del mal, pues cada grupo religioso tiene su propia interpretación y su propia simbología.

- Las religiones de la India coinciden en interpretar la experiencia de plenitud como liberación del dolor y de la existencia material. Por ejemplo, desde la doctrina de las reencarnaciones sucesivas y de la existencia de castas del hinduismo, la aspiración es reencarnar en una casta superior hasta alcanzar la plenitud del encuentro definitivo con el brahman. Por ello, tanto las buenas y las malas acciones tienen su efecto en este sistema de retribución pues contribuyen al orden o al desorden de esa armonía universal que es el brahman.

- El budismo, aunque no contemple la referencia a la divinidad, propone una ética que consiste en la renuncia al deseo para poner fin al sufrimiento y alcanzar el nirvana como estado de plenitud. Desde la preocupación del budismo por el dolor, se considera que el deseo altera el equilibrio interior y el equilibrio social que son manifestaciones de la plenitud que anhela el ser humano.

- El ideal taoísta, que tampoco contempla una referencia a la divinidad, es buscar el recto camino de la vida o «tao» y su principal precepto, no obrar contra la naturaleza, traduce en la práctica la doctrina de la armonía de la creación. Por eso Lao-tsé proponía la contemplación para sumergirse en el fondo primero de las cosas. En la perspectiva del taoísmo, tanto el crimen como la desobediencia a una elemental norma de cortesía alteran la armonía de la naturaleza e introducen el conflicto con el orden cósmico.

- Para el judaísmo, el cristianismo y el islamismo, las tres religiones monoteístas, la salvación es experiencia de encuentro con Dios mientras el pecado, como desobediencia a sus normas y preceptos o rechazo a su amor, rompe la relación con Dios. La salvación, en los tres credos, no se entiende únicamente como el premio que se recibe en la otra vida sino que comienza en este mundo como liberación del pecado personal y de las estructuras de pecado que impiden a un grupo o a un pueblo vivir en condiciones verdaderamente humanas y desarrollarse en todas sus dimensiones.

- En la tradición judeocristiana que recoge el antiguo testamento, la experiencia del bien es la relación con Dios, su presencia y su acción. Es la alianza como salvación que ofrece Dios gratuitamente y aceptación por parte de cada individuo y por parte del pueblo representado en sus dirigentes. Y pecado es, por el contrario, apartarse de Dios, rechazar su amor y salvación, irse tras otros dioses y desobedecer la Ley que es el camino señalado por Dios para su pueblo.

- En la tradición cristiana fundamentada en el nuevo testamento, la experiencia del bien se expresa como vida en Cristo o vida en el Espíritu por la aceptación de la salvación de Dios que Cristo ofrece. Por el contrario, en esta misma perspectiva del nuevo testamento, el pecado es la no aceptación de Cristo y de su ofrecimiento de salvación, es decir, el rechazo del amor salvador de Dios. Pero la más clara explicación del pecado y el perdón que propone el nuevo testamento es la parábola del padre que acoge y perdona al hijo que se fue de su casa. El pecado, según la parábola, es el alejamiento de Dios, la ruptura de la relación con él y el rechazo de su amor salvador, mientras que el perdón del Padre Dios es como el del padre de la parábola que recibe en sus brazos al hijo que regresa arrepentido por haberse alejado. Es lo que en la tradición cristiana se ha llamado «gracia» y «pecado», la una como comunión de amor en el misterio de Dios y este como ruptura de dicha comunión y alejamiento del Padre.

Tercera parte

LAS PREGUNTAS DE SIEMPRE

También hay preguntas que siempre se repiten, las que en algún momento de la vida o en diversas ocasiones todos nos hacemos.

Para responder a este tipo de preguntas, se conserva la misma estructura temática en esta última parte:

1) Las religiones

2) La fe

3) La Biblia

4) Jesús

5) Dios

6) La Iglesia

7) El sacramento del matrimonio y su celebración

8) La moral

9) La oración

10) La salvación

1. El mapa de las religiones del mundo

No hay lugar sobre la tierra donde no haya manifestaciones de experiencia religiosa. También la historia evidencia signos de religiosidad en la humanidad de todos los tiempos.

Por eso es interesante dar un vistazo al mapa de las religiones del mundo para identificar las diversas formas de experiencia religiosa y sus correspondientes sistemas de expresión o religiones.

Porque la experiencia religiosa, que es experiencia de la trascendencia vivida en la inmanencia, se expresa en una comunidad o grupo religioso que comparte unas creencias, unas formas de culto y unas normas éticas.

Y hablar de comunidad, de creencias, de culto y de ética es hablar de los componentes de la religión o sistema religioso que hace posible vivir el encuentro con la trascendencia, interpretarlo y expresarlo.

En general, los sistemas religiosos están relacionados, al menos en su origen, a un entorno cultural al que dan sentido y en el que, además, tienen sentido sus creencias, sus ritos y sus normas éticas.

A continuación, se presentan algunos de los diversos sistemas religiosos, agrupados según el contexto cultural al cual pertenecen:

- En primer lugar, las religiones orientales, que son las más antiguas, cuyo origen se encuentra en la India, donde conviven las dos grandes tradiciones, el hinduismo y el budismo, pero también se mencionan el jainismo pues es importante el número de sus seguidores; en cuanto a la China, están el confucianismo y el taoísmo; y la religión oficial del Japón, que es el sintoísmo.

- En segundo lugar, las tres religiones occidentales, que son monoteístas, y se conocen como las religiones abrahámicas: el judaísmo con sus diversas tendencias, el cristianismo en sus diferentes Iglesias, y el islam.

- En tercer lugar, la religión de los sijs, que pertenece geográficamente a la India pero tiene elementos no sólo del hinduismo sino también del islam.

El siguiente es, entonces, el mapa de las religiones del mundo, brevemente descritas y en el orden antes señalado.

El mundo religioso hindú

El hinduismo es la religión más antigua entre las que actualmente existen y está enmarcada en la cultura india, en su historia y su organización social. No tiene fundador y, por lo tanto, su enseñanza no tiene origen en un profeta o sabio.

Es una religión politeísta y las siguientes son sus principales creencias:

- Creen en el brahman, principio eterno e infinito de todo lo que existe, pero también creen en multitud de dioses, como Brahma, Visnú, Siva y sus familias de dioses.

- Creen en la transitoriedad de la vida.

- Creen en el samsara o trasmigración de las almas y en la reencarnación.

- Creen en el karma, que es la consecuencia de las acciones buenas y malas en la siguiente vida.

- Creen en el dharma, que es la ley moral y el orden universal.

- Creen en la moksa o liberación del samsara para alcanzar la iluminación.

- Creen en la ahimsa, que significa no hacer daño y fundamenta la no-violencia hacia todos los seres vivientes.

- Creen en el sistema de castas que determina la vida de cada persona y según el cual los seres humanos están divididos en cuatro clases definidas por el nacimiento:

los brahmanes, que son sacerdotes y maestros;

los chatrias, que son guerreros y gobernantes;

los vaishias, que son comerciantes, mercaderes y agricultores;

los shudrás, que son obreros y artesanos.

El sentido de la vida es, para el hinduismo, la liberación mediante sucesivas reencarnaciones hasta lograr el encuentro definitivo con el brahman, para lo cual los hindúes se preparan mediante la meditación y el desprendimiento de todo lo material.

Los líderes religiosos del hinduismo, que pertenecen a la casta de los brahmanes, son guías espirituales, encargados de transmitir la enseñanza de los Vedas.

El mundo religioso budista

El budismo es originario de la India pero, actualmente, esta religión está difundida por todo el continente asiático.

Es la religión de los seguidores de Buda, que buscaba, inicialmente, reformar el hinduismo pero sus enseñanzas se convirtieron, posteriormente, en un sistema religioso diferente al que le diera origen.

Buda es un título que significa «el iluminado». Ahora bien, según la doctrina budista, existen numerosos budas, el más conocido de los cuales es Siddharta Gautama, que vivió en el siglo VI a. C. y quien se considera el fundador del budismo.

Según la tradición, era hijo de una familia noble y acaudalada, vivió en el palacio de su familia hasta los 29 años, cuando al salir de las murallas del palacio, encontró el sufrimiento. Al caer en la cuenta de que su propia vida había estado protegida mientras el mundo estaba lleno de dolor, renunció a su familia y a la fortuna que habría heredado, para dedicarse a buscar el sentido de la vida.

En las prácticas ascéticas no encontró respuesta, pero un día, meditando debajo de una higuera —el Árbol Bodhi—, entendió que el sentido de la vida no se encuentra en la privación sino en el equilibrio y que lo que estaba buscando era el despertar de su alma o iluminación de su espíritu. Allí también entendió cuál era su vocación y durante 45 años predicó el camino para alcanzar la iluminación o nirvana.

Para el budismo, nada permanece, el mundo es ilusión, todo es sufrimiento, y la causa del sufrimiento es el deseo y el apego a las cosas materiales. Ahora bien, es posible alcanzar la libertad o la liberación en el nirvana, un estado en el que no existe deseo y en el que se adquiere la iluminación.

Es lo que expresa la doctrina del budismo, centrada en las cuatro nobles verdades:

- La primera verdad es que la existencia está siempre marcada por el sufrimiento y la insatisfacción.

- La segunda verdad es que la causa del sufrimiento y la insatisfacción es el deseo y el apego a las personas y las cosas.

- La tercera verdad es que los seres humanos pueden alcanzar la libertad o la liberación en el nirvana.

- La cuarta verdad es el camino de las ocho nobles virtudes o camino de liberación:

recta visión,

recta determinación,

recto hablar,

recta acción,

recto modo de vivir,

recto esfuerzo,

recta atención,

recta concentración.

Los budistas oran en los templos construidos en honor de Buda, pero también en los santuarios o altares que tienen en sus casas y donde guardan reliquias de la familia.

El budismo está divido en diferentes corrientes o escuelas de pensamiento, como el budismo theravada, el budismo mahayana, el budismo zen, el budismo shingon, el budismo tierra pura, el budismo soka gakkai y el budismo tibetano o lamaísmo.

Las dos escuelas más conocidas son el budismo theravada y el budismo mahayana, y estas son sus características:

- El budismo theravada, o «pequeño vehículo», es practicado en Burma, Sri Lanka, Tailandia, Camboya, Vietnam y Laos. Es el camino del celibato y la pobreza que escogen monjes y monjas que viven en comunidad, toman una sola comida en el día y solamente poseen una túnica, un cinturón, una escudilla y una aguja.

- El budismo mahayana, o «gran vehículo», es la escuela a la cual pertenece, actualmente, la mayoría de los seguidores del budismo en Nepal, China, Tibet, Corea y Japón. Esta secta sigue la enseñanza del Buda histórico, Siddharta Gautama, pero también de los bodhisattvas, que son personas que encontraron la liberación o nirvana y regresan para ayudar a otras personas a encontrar la iluminación.

El mundo religioso de los jainas

Otra religión de la India es el jainismo, cuyo origen se remonta al siglo VI a. C. y a Mahavira, contemporáneo de Buda y el último de los 24 tirthankaras, a quien se debe la reforma del jainismo y de la vida monástica.

Su nombre era Vardhamana y vivió en medio de comodidades hasta los 30 años, cuando abandonó a su familia y renunció a sus bienes. Según la tradición, Mahavira usó el mismo vestido durante más de un año y luego anduvo desnudo, practicando el ascetismo y meditando día y noche. Después de doce años de esta vida errante, alcanzó la iluminación y, a la edad de 72 años, murió en una huelga de hambre.

Los jainas practican las tres alegrías que son recta fe, recto conocimiento y recta conducta. También practican el vegetarianismo, la pobreza y la renuncia a sí mismo y hacen los cinco votos que Mahavira estableció:

- Renunciar a matar.

- Renunciar a mentir.

- Renunciar a robar.

- Renunciar a los bienes materiales.
- Renunciar al sexo.

Por eso monjes y monjas jainas renuncian a los bienes materiales, permanecen célibes y adoptan una forma errante de vida para compartir su fe con otros y otras jainas.

Debido a su preocupación por no hacer daño a ningún ser viviente, y siguiendo la doctrina de la no-violencia que enseñaba Mahavira, monjes y monjas jainas barren el piso por donde van a pasar e incluso algunos se retiran a sus monasterios durante la estación de lluvias para no pisar los insectos.

En los templos del jainismo se encuentra la imagen de Mahavira, que muestra el camino para que otros puedan conseguir la iluminación. Cuando los seguidores de la religión jaina van al templo, dejan afuera sus zapatos, se pintan las cejas con azafrán, recitan una oración, lavan la imagen del tirthankara, la ungen con azafrán y le dejan como ofrenda un tazón de arroz.

En el siglo I, el jainismo se dividió en dos grupos:

- El jainismo svetambara del sur de la India o de los monjes y monjas «vestidos de blanco», que usan túnicas blancas y renuncian a los bienes terrenales.

- El jainismo digambara del occidente de la India o de los monjes «vestidos de cielo», que no llevan ropa porque también renuncian a todos los bienes.

El mundo religioso sintoísta

El sintoísmo, que significa «el camino de los kami», o «camino divino», es la primitiva religión del Japón y su origen es tan antiguo como la cultura japonesa.

Cuando llegó el budismo al Japón, hacia el siglo VI, se introdujo el nombre de sintoísmo para distinguir la adoración de los kami de la religión de los seguidores de Buda, pero sólo a finales del siglo XII comenzó a utilizarse el término sintoísmo para referirse a una doctrina religiosa.

El sintoísmo consiste en seguir el camino de los kami o vivir en reverencia a los kami, lo cual se traduce en los siguientes comportamientos:

- Agradecer a los kami sus bendiciones.
- El culto a los antepasados.
- Practicar los ritos.
- Ayudar a los demás.
- Obedecer al emperador.

En cuanto a su sistema de creencias, está expresado en cuatro afirmaciones:

- Devoción a las tradiciones y a la familia.
- Amor y veneración por la naturaleza.
- Pureza ritual para adorar a los kami.
- El culto de los kami o matsuri.

El sintoísmo es una religión que venera la naturaleza porque en ella se descubre la presencia de los kami, divinidades terrenales y celestiales que existen en el mundo visible e invisible.

Los peregrinos sintoístas van a los santuarios a pedir favores a los kami y con motivo de acontecimientos como el nacimiento de un niño y en la celebración del año nuevo. Y cuando visitan los santuarios, los peregrinos tienen la costumbre de hacer sonar una campana y dar palmadas con las manos para que los kami oigan sus peticiones.

El mundo religioso del Tao

El taoísmo, fundado en el siglo VI a. C., propone vivir de conformidad con el Tao, literalmente «el camino», en cuanto principio que organiza el universo, al mismo tiempo que representa la unidad y la fuerza creadora detrás de todas las cosas del mundo visible e invisible.

De su fundador, Lao-tsé, muy poco se sabe. Más aún, se duda si fue una persona o muchas personas, pues la palabra «Lao-tsé» no es un nombre sino un título chino que significa «maestro antiguo». Y, además, el Tao-Te-King, el texto sagrado del taoísmo y también conocido como el Libro del Tao porque a él se le atribuye, probablemente fue escrito por varios maestros.

Según la leyenda, Lao-tsé fue concebido por una estrella y se cree que, después de su desaparición, regresa a la tierra, cada vez bajo una personalidad diferente, para conducir a la humanidad por el camino del Te. Según una interpretación, una de estas encarnaciones fue Buda. Ahora bien, independientemente de lo que pueda saberse acerca de su vida, Lao-tsé es venerado en China: para el confucianismo, como un gran filósofo; para el taoísmo, como su fundador y revelador de la doctrina del Tao.

Según la ley del Tao, todo regresa a su punto de partida y el todo está contenido en sus partes. La meta es dejar que el Tao fluya libremente, de un estado de «no ser» al estado de «ser» y nuevamente al estado de «no ser» hasta reunirse con el Tao mediante la purificación interna de todo deseo y distracción, despojándose de las preocupaciones terrenales, abandonando toda inquietud, renunciando a la ambición de riquezas, y adoptando la meditación y la sencillez para crear, así, un vacío en el cual el Tao pueda circular.

El mundo religioso de los seguidores de Confucio

El confucianismo tiene su origen en Confucio, filósofo que vivió en el siglo VI a. C. en China. Contemporáneo de Buda, Confucio no fue un líder religioso, sino un famoso maestro que enseñó acerca del cultivo de la mente y la educación en seis artes —ritual, ballestería, caligrafía, matemáticas, música y conducción de carrozas— como camino de realización personal y fundamento de la virtud social que definía como «buena conducta».

Confucio dejó un código de enseñanza moral, social, política y religiosa en su colección de sentencias conocida como Lun-Yu, en la que hace énfasis en la devoción a los padres, en la etiqueta, en el control de sí mismo y en la actividad social justa.

Confucio no predicó una religión, pero sus ideas dieron origen a una filosofía de la vida que se considera como un sistema religioso, y aunque nunca se consideró que él fuera dios, en China se erigieron templos en su honor y su tumba es lugar de peregrinación para sus seguidores.

El mundo religioso de los judíos

El judaísmo, la más antigua y la primera de las tradiciones abrahámicas, comenzó hace unos 4.000 años y su origen se remonta a Abraham y a Moisés, cuando los lazos de sangre y la fe unieron doce tribus para constituirse como pueblo de Israel con el cual Dios estableció su alianza e hizo un compromiso: «Yo seré su Dios y ustedes serán mi pueblo».

Los judíos creen en un solo Dios, que es el mismo Dios del cristianismo. Creen que son el pueblo elegido por Dios, el pueblo de la alianza, y que Dios les entregó la Ley o Torá; esperan, asimismo, que Dios enviará un mesías para salvar el mundo.

Esta fe se expresó y sigue siendo expresada, en primer lugar, en el cumplimiento de la Ley de Moisés, como también en sus ritos: la celebración de la Pascua, la circuncisión, el barmitzvá para los niños y, en algunos ámbitos, el bat-mitzvá para las niñas.

Dos ritos están en el origen remoto de la celebración de la Pascua judía. Un rito agrícola que se celebraba en la primavera y consistía en comer pan sin levadura —pan ácimo— para pedir a los dioses la abundancia de la cosecha y significar un nuevo comienzo. El otro era un rito pastoril, el del cordero, que se inmolaba, también en la primavera, para obtener de los dioses la fecundidad del ganado y ahuyentar los poderes maléficos, para lo cual untaban con la sangre del cordero los postes de las tiendas. Los dos ritos se integraron en la celebración de la Pascua que conmemora y actualiza la liberación de la esclavitud en Egipto, cuando Yahvé Dios sacó al pueblo israelita «con mano fuerte y brazo poderoso», al decir del texto bíblico, acontecimiento histórico que cada generación actualiza y conmemora en el rito del cordero y el pan ácimo.

Otro rito judío es la circuncisión. Dentro de los ocho días siguientes al nacimiento de un niño hombre, la familia organiza este rito, que es signo y actualización de la alianza de Abraham y por medio del cual el niño es recibido como miembro de la comunidad judía.

El otro es un rito de paso o de iniciación a la edad adulta. Cuando los niños hombres cumplen 13 años, se considera que llegan a la edad adulta, lo cual significa que están obligados a cumplir los mandamientos de la ley judía como los adultos: participar en la oración, comer kosher y ayunar en Yom Kippur. El reconocimiento público del nuevo estatus de adulto es el bar-mitzvá. En las corrientes más liberales, cuando las niñas cumplen 12 años celebran el bat-mitzvá.

Entre los mandamientos que la ley judía establece y los judíos están obligados a cumplir, hay uno que señala los alimentos que se pueden comer —son los que se llaman kosher o káser— y los alimentos que no se pueden comer porque son impuros. Según la ley mosaica, los judíos tienen las siguientes restricciones alimenticias que muchos actualmente respetan:

- Pueden comer carne de rumiantes con pezuña hendida y de pescados con escamas y aletas, pero no pueden comer cerdo, crustáceos y moluscos.

- Pueden comer leche y carne separadas pero no pueden comer leche con carne.

- Pueden comer carne de animales debidamente sacrificados pero no pueden comer carne de animales que no han sido debidamente sacrificados.

La función de mediación, en el mundo religioso judío, inicialmente fue realizada por los patriarcas bíblicos, interlocutores directos de Dios, a quienes reemplazaron, en tiempos de la monarquía davídica, los sacerdotes que, con el exilio, en el siglo VI a. C., adquirieron una importancia muy grande y desde la época de los macabeos representaban la máxima autoridad.

Ahora bien, la función de los sacerdotes del judaísmo era exclusivamente cultual y centralizada en el templo de Jerusalén. Pero con la caída de Jerusalén y la destrucción del templo, en el año 70 de nuestra era, el culto judío fue reemplazado por la oración en las sinagogas y los rabinos reemplazaron a los sacerdotes como líderes y maestros del judaísmo.

El judaísmo actual está dividido en varias ramas:

- Los judíos ortodoxos son los más religiosos y los más observantes: comen kosher, los hombres llevan siempre la cabeza cubierta y no se casan con no judías. El judaísmo ortodoxo, a su vez, está dividido en hasidismo y judaísmo ortodoxo moderno.

- Los judíos tradicionalistas son menos estrictos en la interpretación de la ley judía: solamente en su casa comen kosher, los hombres llevan la cabeza cubierta únicamente para la oración y también se oponen al matrimonio interconfesional.

- Los judíos reformistas proponen una interpretación más liberal de la ley judía.

- Los judíos reconstruccionistas también interpretan la ley judía en forma liberal, pero practican tradiciones judías como la comida kosher.

El mundo religioso cristiano

El cristianismo, en sus dos mil años de historia, se ha difundido por todos los rincones de la tierra y el número de cristianos de diferentes Iglesias se calcula, actualmente, en unos dos mil millones.

Los primeros, que reconocieron a Jesús como el Mesías, el Ungido, el Cristo, eran judíos y formaron comunidades de fe en las que compartían la comida y los bienes, junto con las enseñanzas de Jesús. Estos primeros discípulos fueron llamados cristianos o seguidores de Cristo cuando el evangelio desbordó los límites del mundo judío y se extendió por el Imperio Romano, donde fueron surgiendo comunidades de creyentes o «Iglesias».

Al penetrar el cristianismo en este nuevo ámbito de difusión —el mundo grecorromano— adoptaron sus marcos de pensamiento y fueron objeto de persecución porque los cristianos se negaban a ofrecer sacrificios a los dioses romanos. Esta persecución cesó cuando el emperador Constantino, en el año 312, autorizó el culto cristiano y, posteriormente, el cristianismo se convirtió en religión del imperio.

En estas circunstancias, la Iglesia se organizó según el modelo de la sociedad civil, construyó edificaciones para la reunión de los fieles, el culto se llenó de boato y los dirigentes se dejaron tentar por la ambición del poder.

Más tarde, en el siglo VIII, la Iglesia de Roma recibió de los francos la donación de los Estados Pontificios que colocaron al obispo de Roma —el Papa— en igualdad de condiciones a los demás señores temporales y, por eso, el mutuo apoyo de los papas y los reyes caracteriza los siglos siguientes, llamados siglos de cristiandad.

La Iglesia estuvo unida bajo la autoridad del Papa, hasta 1054, cuando se produjo una división o cisma, entre la Iglesia de Roma y la Iglesia de Constantinopla. Las tensiones de griegos y romanos no fueron únicamente por motivos teológicos sino que había implicaciones políticas. Esta división dio origen a la Iglesia católica romana y a la Iglesia ortodoxa griega.

Una nueva división de la Iglesia católica, en el siglo XVI, dio origen al protestantismo. Causa remota de esta división fue la contribución que el papa León X pidió a los cristianos para terminar la construcción de la Basílica de san Pedro en Roma a cambio de una indulgencia o perdón por el castigo en la otra vida merecido por los pecados. El principal rechazo hacia la solicitud de Roma provino de Alemania, cuando un monje agustino, Martín Lutero, manifestó públicamente su desacuerdo colgando en la puerta de la Iglesia de Wittenberg las 95 tesis o proposiciones que condenaban la venta de indulgencias. Este rechazo encontró eco entre los príncipes germanos y cuando Roma condenó a Lutero, sus críticas a la Iglesia aumentaron lo mismo que el apoyo de la nobleza alemana. Entonces continuó la batalla entre las ideas de Lutero y la Iglesia de Roma, que culminó en 1521, cuando fue excomulgado por Roma. Sin embargo, la excomunión no intimidó a Lutero. De su estudio de las epístolas de Pablo, Lutero concluyó que Jesús era el único mediador entre Dios y la humanidad, que solamente la fe es necesaria para la salvación y que la revelación sólo está contenida en la Escritura. Lutero, además, tradujo la Biblia al alemán, abolió la confesión y la misa privada, cerró los conventos y permitió el matrimonio de los sacerdotes.

El libre examen de la Escritura introducido por Lutero dio pie a innumerables grupos cristianos o Iglesias que adoptaron la doctrina de Lutero, especialmente lo relacionado con la autoridad de la Biblia y la justificación por la fe.

A esta división de la Iglesia producida por la reforma protestante sucedió la separación de la Iglesia de Inglaterra de la Iglesia de Roma en el siglo XVII, cuando el Papa no autorizó un nuevo matrimonio del rey Enrique VIII, lo cual desató el conflicto que terminó con la ruptura definitiva.

Las principales confesiones cristianas son las siguientes con algunas de sus correspondientes características:

- La Iglesia católica romana reconoce que la sagrada escritura y la tradición son las fuentes de la revelación, que la gracia se obtiene por medio de la fe y las obras, y que la salvación está mediada por la comunidad eclesial.

- La Iglesia ortodoxa griega comparte la fe de la Iglesia católica romana y las diferencias teológicas son muy sutiles, como el número de los sacramentos o que el Espíritu Santo no es igual al Padre y al Hijo. Las celebraciones de ambas Iglesias son muy semejantes aunque las liturgias son diferentes. Pero principalmente se diferencia de la Iglesia católica en que no acepta la autoridad del Papa y en algunos aspectos de tipo práctico, por ejemplo que sus sacerdotes se pueden casar.

- Las Iglesias surgidas de la reforma protestante comparten con la Iglesia católica la fe en Jesucristo, pero se diferencian en cuestiones teológicas y de orden práctico: la salvación se realiza por la fe sola y no por las obras; solamente Cristo perdona los pecados y no los sacerdotes; sólo hay dos sacramentos, el bautismo y la eucaristía, en la que Jesús está presente simbólicamente; la revelación divina está contenida solamente en la Escritura.

- Algunas de las principales Iglesias protestantes son, entre otras y en orden alfabético, los adventistas del séptimo día, los bautistas, los cientistas cristianos, los cuáqueros, los luteranos, los metodistas, los pentecostales y los presbiterianos. En general, estas Iglesias cristianas se basan en la experiencia de comunidad, hacen énfasis en la palabra de Dios, no tienen santos y en sus templos no hay estatuas, destacan la importancia de la predicación, creen que la eucaristía es presencia simbólica de Cristo, dan mucha importancia al canto y no suelen ser jerárquicas.

- La Iglesia anglicana comparte básicamente la fe y el culto de la Iglesia católica romana, pero se diferencia de ella en que no acepta la autoridad del Papa como también en algunos asuntos teológicos y en aspectos de tipo práctico.

- Otros grupos que tienen algún parentesco con el cristianismo son los testigos de Jehová y los mormones.

Independientemente de ciertas diferencias, casi todas las Iglesias cristianas celebran el bautismo, un rito antiquísimo que expresa la vinculación de la persona a Cristo y a la Iglesia para vivir según el evangelio. También casi todas las Iglesias tradicionales celebran la eucaristía, que es el centro de la fe cristiana: para los católicos, es la actualización de la presencia de Cristo resucitado, y los fieles reciben el cuerpo y la sangre de Cristo; para los protestantes, la cena del Señor conmemora la muerte de Jesús.

En cuanto a su organización, hay grandes diferencias entre las Iglesias cristianas: la Iglesia católica, la Iglesia ortodoxa griega, las Iglesia surgidas de la reforma protestante y la Iglesia anglicana.

La Iglesia católica tiene una organización jerárquica en la que sólo participan hombres y que está constituida por:

- El Papa, que es el obispo de Roma y primera autoridad de la Iglesia.

- Los obispos y arzobispos, responsables de la Iglesia en sus diócesis y arquidiócesis.

- Los presbíteros o sacerdotes, que son quienes celebran misas, confiesan y guían la comunidad desde la parroquia.

- Los diáconos, que se desempeñan en el campo pastoral y administrativo y pueden ser casados.

- Los cardenales, generalmente obispos, quienes reciben del Papa este título honorífico y su única responsabilidad consiste en elegir al nuevo Papa.

También vale la pena mencionar que los presbíteros o sacerdotes católicos pueden ser diocesanos o de comunidades religiosas:

- Los sacerdotes diocesanos se comprometen a ser célibes y a obedecer al obispo.

- Los sacerdotes que pertenecen a una comunidad religiosa —como los franciscanos, los dominicos o los jesuitas— hacen votos de pobreza, castidad y obediencia; por eso, tampoco se casan.

Y es aquí donde vale la pena explicar por qué no se casan los curas católicos. Se trata de una medida disciplinar del siglo XI y que tienen que ver, más que con el matrimonio con el patrimonio, pues se estableció para evitar que fueran utilizadas en beneficio de los hijos las donaciones que, en la Edad Media, los nobles hacían a los obispos para que las entregaran a los pobres.

Distinta es la razón por la cual no se casan los religiosos y las religiosas que pertenecen a una comunidad —como los jesuitas, los franciscanos y las franciscanas, los benedictinos y las benedictinas, entre otros— y hacen votos de pobreza, castidad y obediencia. Es decir, se comprometen a vivir en comunidad y a no formar una familia.

La organización de la Iglesia ortodoxa griega es igualmente jerárquica y en ella hay obispos, algunos de los cuales reciben los títulos de patriarca y archimandrita en cuanto responsables de una Iglesia, así como presbíteros y diáconos.

Entre los protestantes, a sus dirigentes se les da el título de pastor o ministro, palabra que significa «servidor» y que designa a hombres y mujeres que son ordenados y ordenadas para servir a una comunidad.

La Iglesia anglicana es, en cambio, jerárquica y los responsables de las Iglesias son arzobispos y obispos, presbíteros y diáconos. La máxima autoridad de la Iglesia anglicana es el arzobispo de Canterbury.

El mundo religioso del islam

El islam, la religión del mundo árabe, es la más reciente de las tradiciones abrahámicas, que proclama haber completado y perfeccionado la revelación divina iniciada con el judaísmo y continuada con el cristianismo. Sus fieles se conocen como musulmanes y actualmente hay más de mil millones alrededor del mundo.

El último profeta, según el islam, es Mahoma o Muhammad, que nació en La Meca hacia el año 570. Fue educado por un tío porque sus padres murieron y se casó con una viuda rica llamada Kadija, que fue la primera en creer en sus dones de profeta.

Estando Mahoma en el desierto, el ángel Gabriel le reveló el Corán y, en estado de trance, el profeta repetía las palabras de Alá y las hacía transcribir. Comenzó a predicar en La Meca el mensaje que Alá le había revelado, pero no encontró acogida pues sus oyentes no aceptaron el monoteísmo que proclamaba y, ante la persecución desatada contra él y sus seguidores, en el 622 buscó asilo en la ciudad de Yatrib, que posteriormente tomó el nombre de Medina-al-Nabi (literalmente, «la ciudad del profeta»). Este episodio, que los musulmanes llaman la hégira o hijra, señala el comienzo del calendario islámico, cuando Mahoma se convirtió en jefe espiritual y en jefe político de Medina e hizo alianzas con las tribus nómadas. Posteriormente conquistó La Meca, la ciudad de la que había tenido que salir huyendo, y dos años después, en el 632, murió.

La palabra «islam» significa «sumisión», porque su fe es sumisión en rendida obediencia a la voluntad de Alá. Y esta fe se resume en la sahada:

> No hay más Dios que Alá y Mahoma es su profeta (Del libro del Corán, sura 157).

La fe del islam es la fe en Alá, que es uno y es único, creó todas las cosas y sostiene todas las cosas. Es la fe en que Alá envió profetas, como Abraham, Moisés y Jesús, para comunicar su mensaje y que Mahoma es el último y el más grande de los profetas porque recibió la revelación que completa y perfecciona las anteriores.

Los musulmanes creen en la otra vida y en el último día o día del juicio, cuando los fieles irán al cielo o paraíso y los infieles irán al fuego del infierno, entendiendo que fiel es el que cree en Alá e infiel el que no cree en Alá. Por eso la guerra santa, un deber del musulmán, tiene por objeto someter todo a Alá para que los infieles sean fieles y puedan alcanzar el paraíso.

Las obligaciones religiosas del islam son los cinco pilares de la fe de los musulmanes:

- Recitar correctamente la sahada o profesión de fe musulmana: «No hay más Dios que Alá y Mahoma es su profeta».
- Practicar las cinco oraciones rituales en la forma y en las horas establecidas.
- Dar limosna para ayudar a los pobres y necesitados.
- Ayunar durante el mes de ramadán.
- Hacer la peregrinación a La Meca por lo menos una vez en la vida.

La mezquita es el lugar de oración del islam y, en los países musulmanes, al lado de estas edificaciones hay una torre o minarete, desde donde el muecín llama a los fieles para la oración, y un lugar para los baños rituales de purificación antes de entrar. Las mezquitas no tienen bancas o asientos ni estatuas o pinturas, solamente el mihrab, en la pared que mira hacia La Meca, y hacia donde miran los musulmanes durante la oración.

Los musulmanes no tienen un clero profesional, excepto los mullás de los chiítas, sino jefes de las mezquitas que sirven a la comunidad en su tiempo libre. Estos jefes espirituales de las mezquitas, llamados «imanes», son hombres escogidos por su devoción y su conocimiento del Corán para dirigir la oración diaria.

Las dos principales divisiones del islam son los sunnitas y los chiítas, pero también hay una secta que es el bahaísmo.

- Los sunnitas representan el 85% de los musulmanes, siguen la Sunna, código ético y religioso que contiene las palabras y las obras de Mahoma, y, según ellos, como

Mahoma no designó sucesor antes de morir, la comunidad escogió al califa, que se convirtió en el líder político de la comunidad.

- Los chiítas creen que Mahoma designó a su primo y yerno Alí como líder religioso del islam. En esta secta, la autoridad recae en los mullás y, más recientemente, en el ayatolá.

Una secta del islam es el bahaísmo, que comparte muchas de las doctrinas de las religiones monoteístas: considera que dios se comunica con la humanidad por medio de mensajeros, entre los cuales se cuentan Adán, los profetas judíos, Jesús, Mahoma, el Bab, que anunció que dios enviaría un maestro divino, y, por último, el Bahá'u'lláh.

El origen del bahaísmo se encuentra en Persia y en el siglo XIX, cuando un comerciante, Mirza Ali Muhammad, se declaró escogido para transformar la espiritualidad de toda la humanidad y tomó el nombre de Bab, pero debido a la audacia de sus revelaciones, fue declarado hereje y ejecutado. Uno de sus discípulos, Mirza Husayn Ali Nuri, fue encarcelado como consecuencia de su adhesión al babismo y durante su permanencia en la prisión recibió las revelaciones que dieron origen a la fe bahá'i, tomó el nombre de Bahá'u'lláh y enseñó que existe un solo dios y que todos los ciudadanos del mundo comparten una humanidad común que los une entre sí y con dios. Además, Bahá'u'lláh se declaró como la manifestación del dios desconocido y como el doceavo imán o al'Mahdi, cuya aparición, creen los musulmanes, inaugurará el final de los tiempos.

El mundo religioso de los sijs

La religión de los sijs está localizada principalmente en el Panyab, en el nordeste de la India, y su fundador, el gurú Nanak, vivió en los siglos XV y XVI en un ambiente que había recibido la influencia del hinduismo y del islam.

Nanak nació y creció como hindú pero tuvo contacto con musulmanes, lo que lo llevó a integrar elementos de ambas religiones. Su intención fue crear una religión que no tuviera castas pues consideraba estas divisiones como violación a la naturaleza divina de todas las personas y a su igualdad espiritual, una religión que rindiera culto a un solo dios que, él entendía, era el mismo para todas las religiones.

Como primer gurú, los escritos de Nanak definieron los elementos de la religión de los sijs y constituyen la primera parte del Adi Granth, su libro sagrado.

Los sijs creen en un solo dios que creó el mundo y lo gobierna, que no puede ser conocido bajo ninguna forma humana y cuyo nombre es Nam o Akal Purukh, aunque tiene también otros nombres.

Al igual que otras religiones de la India, los sijs creen en la reencarnación; en el karma, que es consecuencia de las buenas y malas acciones, y en el dharma, que consiste en vivir honestamente.

Creen, también, que el gurú Nanak y los nueve gurús que lo sucedieron eran personificación de la divinidad y sus representantes.

Los creyentes practican la meditación, oran en comunidad repitiendo el nombre de dios, aceptan otras religiones, razas y sectas, y una de las características de la comunidad de los sijs es el compromiso con la familia y la comunidad expresado en estas palabras de sus escrituras sagradas:

> Obtenemos la salvación amando al prójimo y a Dios
> (Granth Japji 21).

El uso de turbantes y barba es símbolo de la identidad sikh y está asociado al compromiso que asumen de defender su patria.

Desde su fundación, los sijs tuvieron gurús, pero desde que murió el décimo y último gurú, sus dirigentes religiosos, que reciben el nombre de granthi y ragi, son los encargados de conservar el Adi Granth. Las funciones de sus dirigentes, además de leer y recitar los textos sagrados, son dirigir los ritos y cuidar los lugares de culto.

Los ritos de los sijs, establecidos en su libro sagrado, el Adi Granth, y transmitidos de una a otra generación, permiten a la comunidad sikh mantenerse fiel a su identidad y a sus creencias.

En cuanto a los lugares de culto, los sijs tienen muchos templos, pero el más importante es el Templo Dorado de Amritsar, que unifica la comunidad de los sijs y cuyas cuatro puertas simbolizan la apertura de la religión a las cuatro castas y a cualquier persona que quiera participar en su culto.

2. ¿Qué significa y qué implica ser cristiano en la tradición católica?

La pregunta que aquí se plantea tiene que ver con la fe cristiana y en la tradición católica o, más concretamente, con lo que dicha fe significa e implica.

Algunas veces se piensa que significa asegurar la salvación eterna, lo cual implica cumplir con las normas que la Iglesia católica ha establecido, principalmente preceptos morales y obligaciones rituales, como la misa dominical o la celebración católica del matrimonio.

Quizás estas son manifestaciones externas de una religión y, ciertamente, la religión católica tiene unas creencias, un culto y una ética que comparte la comunidad de los creyentes.

Pero la fe es algo más que cumplir lo que manda la Iglesia, o, mejor dicho, la jerarquía.

Ser cristiano o ser cristiana, en la tradición católica, es una manera de vivir la relación con Dios, con las demás personas y con el mundo:

- Relación con Dios al estilo de Jesús que habla de Dios como su Padre y hace posible para los hombres y las mujeres ser hijos e hijas.

- Relación con las demás personas al estilo de Jesús que, al revelar a Dios como Padre, nos hace hermanos y hermanas.

Ser cristiano o ser cristiana, en la tradición católica, es una experiencia que invade todos los rincones de la vida, todas las semanas del año y no una experiencia limitada a una práctica religiosa o a determinados comportamientos, los cuales —las prácticas y los comportamientos— sirven para la otra vida.

Ser cristiano o ser cristiana, en la tradición católica, es vivir como hijos de Dios, al mismo tiempo que como hermanos y hermanas. Lo cual no es mera teoría sino práctica de justicia y solidaridad, que es la dimensión social y también ética de la fe. Y esta dimensión social y ética, que es la vida cristiana, se alimenta y se expresa en las celebraciones, donde se vive la experiencia de ser hijos del Padre Dios y donde, al reconocernos como hijos, podemos sentirnos hermanos y hermanas.

Ser cristiano o ser cristiana, en la tradición católica, es experiencia de salvación, porque el amor de Dios, que transforma los corazones, nos está salvando en el aquí y en el ahora. ¿Dónde queda, entonces, la salvación eterna? Desde la fe cristiana, y en la tradición católica, creemos y esperamos que la vida que comenzamos aquí se prolonga en la eternidad en el mismo sentido que hemos vivido en esta: en el amor o en el no-amor.

3. La Biblia: una biblioteca en un solo libro

No es raro creer que la Biblia es «un» libro porque así es como lo percibimos, cuando en realidad se trata de una colección de libros editada en un solo volumen. Estos libros, que pertenecen a géneros diversos y tienen temática igualmente diversa, fueron escritos a lo largo de muchos siglos y según un proceso bastante elaborado, pero llegan a nuestras manos como si un solo autor hubiera redactado desde la primera hasta la última página.

Por otra parte, muchas manos están presentes en la elaboración de los escritos que han llegado hasta nosotros. Muchas generaciones participaron en su redacción, desde las experiencias primeras y sus correspondientes interpretaciones, hasta la redacción definitiva de cada uno de los diversos escritos.

De los 75 libros de la Biblia, 27 corresponden al nuevo testamento y tienen como tema central el acontecimiento de Jesús y cómo su mensaje fue anunciado por todo el mundo entonces conocido. Los otros 48 libros forman el antiguo testamento, que presenta el hacer de Dios en la historia del pueblo de Israel.

Para nosotros, cristianos, los dos testamentos están en mutua y estrecha dependencia, porque no se entiende el nuevo sino a partir del antiguo, y el sentido del antiguo se enriquece cuando se lee desde el nuevo.

¿Y los apócrifos? Hay apócrifos del antiguo testamento y apócrifos del nuevo testamento. Son escritos que no quedaron incluidos, respectivamente, en el canon o lista oficial del judaísmo y del cristianismo, lo cual no quiere decir que se trate de enseñanzas ocultas.

Los primeros en recibir el calificativo de apócrifos fueron los del antiguo testamento. Eran escritos que los judíos apreciaban, pero que no formaban parte de la recopilación que había hecho Esdras en el siglo V a. C. pues habían sido escritos con posterioridad a dicha recopilación. Pero como fueron traducidos al griego junto con el resto de la Biblia hebrea en la llamada Versión de los Setenta, en el siglo III a. C., y posteriormente al latín en la llamada versión Vulgata que dirigió san Jerónimo, en los siglos IV y V, como no estaban en la Biblia de los judíos se les dio el calificativo, en griego, de «apócrifos», que quiere decir «ocultos».

Los apócrifos del nuevo testamento son escritos de los primeros siglos del cristianismo que tienen elementos similares a los escritos que forman parte del canon o lista oficial del nuevo testamento pero desde el principio no fueron reconocidos como canónicos, es decir, como escrituras oficiales, probablemente porque pertenecían a comunidades gnósticas o grupos separados de los seguidores de las enseñanzas de Jesús. No obstante, estos escritos, como el evangelio de la infancia de Tomás, el evangelio de Pedro, el evangelio de María Magdalena o el evangelio de Judas, algunos recientemente descubiertos en sitios arqueológicos como la biblioteca gnóstica de Nag Hammadi, tienen gran importancia porque contienen informaciones interesantes y reflejan variantes de la expresión de la experiencia cristiana en entornos diferentes del ámbito oficial del cristianismo.

Los libros de la Biblia

Además de agruparse en los dos testamentos, los libros pueden clasificarse según la época de composición o el género literario. La primera es prácticamente imposible, porque un mismo escrito ofrece diversos estratos literarios, correspondientes a épocas distintas, que se superponen y entremezclan en la redacción definitiva. Menos complicada es la clasificación tradicional, es decir, según el género literario.

Y es, desde esta clasificación, como los escritos del antiguo testamento se agrupan en libros históricos, libros proféticos y libros sapienciales o de los sabios. Sin embargo, hay que tener en cuenta qué significan libros históricos, libros proféticos y libros sapienciales o de los sabios, porque ninguno de estos tres términos corresponde a los significados que estos términos tienen en el lenguaje común:

- Los libros históricos relatan los acontecimientos de la historia del pueblo de Israel en la perspectiva de la interpretación israelita de la historia como historia del hacer de Dios.

- Los libros proféticos o escritos de los profetas ofrecen la predicación de estos hombres de Dios y sus denuncias al alejamiento de los israelitas del compromiso de la alianza.

- Los escritos de los sabios o libros sapienciales contienen la reflexión de Israel sobre el bien y el mal, sobre el amor y el dolor, reflexión que se expresa en dichos populares, en forma de teatro o de novela, o en forma de eruditos discursos.

Los escritos del nuevo testamento, a su vez, se suelen clasificar en el género de los evangelios, de las cartas y el Apocalipsis, y, desde esta clasificación, pertenecen a tres grupos:

- Al primer grupo pertenecen los cuatro evangelios, cuyo protagonista es Jesús —a quien reconocen como el Mesías, el Cristo y el Hijo de Dios— y que tienen como contenido fundamental su enseñanza; también el libro llamado Hechos de los apóstoles, o quinto evangelio, que tiene como protagonista a la primera comunidad cristiana que, movida por el Espíritu Santo, predicó por todo el mundo entonces conocido la buena noticia —el evangelio— de Jesús.

- Del segundo grupo forman parte las cartas o epístolas que los primeros cristianos escribían a las comunidades de creyentes, como la comunidad de Roma, la comunidad de Efeso, la comunidad de Corinto o la comunidad de Filipo; las que escribían a sus dirigentes, como Timoteo y Tito; las que no tienen destinatario, como las de Pedro, las de Juan, la de Santiago y la de Judas.

- Del tercer grupo sólo forma parte un libro, el Apocalipsis. Se trata de un libro difícil de leer, cuyo género literario era frecuente en tiempos de Jesús y de los primeros cristianos, como lo evidencian algunos textos del antiguo testamento, algunas perícopas de los evangelios, los evangelios apócrifos y algunos escritos paleocristianos.

El proceso de composición de la Biblia

Las muchas manos y las muchas generaciones que están presentes en la elaboración de los escritos bíblicos, desde las experiencias primeras y sus interpretaciones, hasta la redacción definitiva que conocemos, son difícilmente identificables. Lo que sí es posible es reconocer el proceso de composición de algunas de las tradiciones bíblicas, tanto de las correspondientes a la redacción del antiguo como del nuevo testamento:

- Para los llamados libros históricos del antiguo testamento, se piensa que pudieron existir tradiciones orales que en la época de la monarquía, hacia el siglo X a. C., recibieron una primera redacción en Jerusalén. Después de la división, en el reino del norte —o Samaria— surgió otra escuela donde también recogieron y ordenaron otras tradiciones orales. Un último periodo de reflexión tuvo lugar en Babilonia, durante el destierro, cuando los sacerdotes releyeron las tradiciones, y, en el siglo V a. C., posiblemente una escuela de sacerdotes, dirigida por Esdras, reunió todas las tradiciones en un solo escrito que es el que se conoce como la Ley —para los judíos la Torá— y que corresponde, en grandes líneas, con los libros históricos.

- Los primeros escritos de los sabios datan del siglo X a. C. y recogen las tradiciones anteriores. La producción literaria más intensa fue en los siglos VI a I a. C., cuando fue escrito el último libro de la Biblia, que pertenece al género sapiencial y es el libro de la Sabiduría.

- Los escritos de los profetas se sitúan entre los siglos VIII y IV a. C. Sus autores vivieron la caída del reino del norte o Samaria y la toma de Jerusalén por los babilonios, algunos fueron llevados al destierro en Babilonia y los últimos fueron contemporáneos de la reforma de Esdras en el siglo IV a. C.

- Los escritos más antiguos del nuevo testamento son las cartas de Pablo y algunas de ellas podrían fecharse unos diez o veinte años después de la muerte de Jesús. El propósito de estas cartas o epístolas es anunciar la muerte y la resurrección de Jesús, al mismo tiempo que precisar cómo vivir la vida cristiana para quienes aceptaban vivir el estilo de vida que Jesús había propuesto a sus seguidores.

- Los evangelios también fueron escritos en las últimas décadas del primer siglo de la era cristiana. El proceso de composición de los evangelios se parece al de los libros históricos del antiguo testamento: tradición oral, tradiciones escritas, redacción final.

- El último libro de la Biblia es el Apocalipsis o libro de las revelaciones, cuyo autor se llama Juan y se denomina como anciano o presbítero pero cuya identidad se desconoce. Las revelaciones o visiones de grandes tribulaciones parecen ofrecer un mensaje de esperanza a las comunidades cristianas en medio de la persecución.

Géneros literarios e intencionalidad de los libros de la Biblia

Para captar el mensaje de la Biblia es indispensable saber que existen diferentes géneros literarios y caer en la cuenta de la intención que movió a sus autores a escribir los diversos libros.

Porque no se lee de la misma manera una novela o un cuento, ni un código o la noticia de un crimen, como tampoco tienen la misma finalidad una poesía y una receta de cocina, la crónica de un partido de fútbol o las cartas de los enamorados: corresponden a géneros literarios diversos y sería un error leer una novela de García Márquez como si fuera una crónica periodística o una poesía de Neruda como si fuera un artículo científico.

En los libros de la Biblia hay poesía, drama, epopeya, códigos legales, novelas, pero principalmente confesiones de fe, himnos de alabanza, cantos de acción de gracias.

Y muchas confusiones respecto a la Biblia se deben a que sus textos se leen como lo que no son y sin tener en cuenta su intencionalidad, pues se consideran como noticias históricas —con los criterios de verificabilidad de la historiografía—

lo que es una interpretación de acontecimientos históricos —esos sí verificables— como intervenciones divinas para salvar a su pueblo, o se toman como información o como leyes positivas las exhortaciones o invitaciones a vivir un estilo de vida.

Por eso las páginas de la Biblia hay que leerlas desde el mismo horizonte en que fueron escritas, es decir, desde la experiencia de fe, desde el reconocimiento del hacer de Dios en la vida de las personas y de la comunidad, que es cuando se reconocen como palabra de Dios. Por fuera de este horizonte compartido en la distancia del tiempo y del espacio, los escritos bíblicos son, simplemente, un testimonio literario de la antigüedad.

El Concilio Vaticano II, en uno de sus documentos, recordó y precisó cómo hay que leer los libros de la Biblia teniendo en cuenta los géneros literarios, la intencionalidad y el contexto histórico y cultural de cada uno de ellos:

> En la Sagrada Escritura habló Dios por medio de hombres y de una manera humana. Por eso el intérprete de la Sagrada Escritura, si quiere ver con claridad lo que Dios quiso comunicarnos, debe investigar atentamente qué quisieron realmente significar y qué quiso Dios manifestar por las palabras de ellos.
>
> Para conocer lo que quisieron decir los autores sagrados hay que conocer los «géneros literarios». Porque la verdad se expresa de modo distinto en los libros históricos, en los proféticos, en los poéticos o en cualquier otro género literario.
>
> Es necesario, también, que el intérprete conozca el sentido que el autor sagrado, en las circunstancias de su tiempo y su cultura, quiso expresar y expresó con ayuda de los géneros literarios que se usaban en su época, por eso hace falta conocer la manera de sentir, de decir y de narrar, propias de ese momento, y las formas que se empleaban en el trato mutuo entre las personas.

Por otra parte, como la Sagrada Escritura hay que leerla con el mismo espíritu con que fue escrita, para descubrir el sentido de los textos sagrados es preciso estudiar el contexto y la unidad de toda la Sagrada Escritura, teniendo en cuenta la tradición viva de la Iglesia y la analogía de la fe. Este es el trabajo de los exegetas para entender y exponer más a fondo el sentido de la Sagrada Escritura, sometiendo su interpretación al juicio de la Iglesia, que tiene el mandato y ministerio divino de custodiar e interpretar la palabra de Dios (Del Concilio Vaticano II: Constitución sobre la revelación, numerales 11 y 12).

4. ¿Cómo conocer a Jesús y dónde encontrarlo?

Una vez más, hay que decirlo: lo que se conoce acerca de Jesús es lo que dicen los evangelios. Allí se dice que nació en Belén y sus padres eran María y José; que vivió en Nazaret, una ciudad de Galilea; que fue bautizado por Juan el Bautista y que, después de su bautismo, comenzó su ministerio público; que llamó a los discípulos, entre los cuales estaban los que serían los doce apóstoles; que predicó el reino de Dios como el reinado del amor y la justicia, la solidaridad y la paz; que hizo milagros; que perdonaba los pecados y curaba a los enfermos que le llevaban o que salían a los caminos; que fue juzgado por rebelión contra el Imperio Romano por el procurador Poncio Pilato, fue crucificado y al tercer día resucitó.

Los evangelios también presentan a Jesús como un hombre de Dios, que hablaba con Dios y hablaba de Dios como su Padre; y lo reconocen como enviado de Dios. Porque para el cristianismo, Jesús es el rostro de Dios, el Mesías, el Cristo, el Ungido, el Hijo de Dios.

Además, según la fe cristiana, después de resucitar de entre los muertos, Jesús subió al cielo y está sentado a la derecha de Dios Padre. Es decir, está con Dios. Pero para hacer esta confesión de fe —que «está con Dios»— es preciso recurrir a un lenguaje simbólico, como es la expresión «estar sentado a la derecha de Dios».

También escritos extrabíblicos de la antigüedad hablan de Jesús: lo ubican en su contexto histórico y geográfico, y reconocen que este hombre existió históricamente y no es sólo ficción de un grupo de orientación religiosa, como eran las comunidades de discípulos y discípulas en las que nacieron los escritos neotestamentarios:

Tres historiadores de la antigüedad, entre otros, mencionan en sus escritos a Jesús, llamado el Cristo, y a sus seguidores, los cristianos.

- El historiador judío Flavio Josefo, en el siglo I, habla de un hombre llamado Jesús, que murió en la cruz, que resucitó y que «quizás» era el Mesías:

> Por esta época hubo un hombre sabio, llamado Jesús, de buena conducta y sus virtudes fueron reconocidas y muchos judíos y hombres de otras naciones se hicieron discípulos suyos. Pilato lo condenó a ser crucificado y a morir. Pero los que se habían hecho discípulos suyos predicaron su doctrina. Contaron que se les había aparecido tres días después de su crucifixión y que estaba vivo. Quizás era el Mesías de quien los profetas habían dicho cosas prodigiosas.

- El historiador romano Tácito, a principios del siglo II, refiriéndose a las persecuciones de Nerón contra los cristianos, menciona la condena a muerte de Jesús, el Cristo, en tiempos de Tiberio:

> Este nombre viene de Cristo, a quien había entregado al suplicio el procurador Poncio Pilato bajo el principado de Tiberio. Reprimida de momento esta detestable superstición se extendía de nuevo no sólo en Judea, donde había tenido su origen el mal, sino incluso en Roma, adonde afluye y encuentra clientela numerosa todo lo que hay de más afrentoso y vergonzoso.

- Y una carta del procurador de Asia Menor, Plinio el Joven, al emperador Trajano, del mismo año que el texto de Tácito, relata cómo era la vida de los cristianos para quienes Cristo era Dios:

> Algunos aseguraban que habían dejado de ser cristianos. Afirmaban que todo su delito o todo su error se había limitado a reunirse habitualmente un día fijo, antes del amanecer, para cantar un himno a Cristo como a un Dios y comprometerse por juramento, no ya a cometer algún crimen sino a no meterse en robos, ni bandidajes, ni adulterios, a no faltar a la palabra dada, a no negar un depósito cuando se lo reclamaban. Después de ello, acostumbraban separarse para reunirse de nuevo a tomar alimento, pero un alimento totalmente ordinario e inocente. Yo no he encontrado con ello más que una superstición absurda.

Los contemporáneos de Jesús tuvieron la posibilidad de conocerlo. Pero nosotros, hoy, ¿cómo podemos conocerlo y dónde encontrarlo?

Los cuatro evangelios narran muchos encuentros de Jesús con sus contemporáneos. Entre ellos, con un cobrador de impuestos que se llamaba Zaqueo, con un ciego que se llamaba Bartimeo, con una mujer que se llamaba María Magdalena, y narran cómo, en el encuentro con Jesús, la vida de todos ellos cambió.

El evangelio de Lucas relata el encuentro de Jesús con Zaqueo:

> Jesús entró en Jericó y comenzó a atravesar la ciudad.
>
> Vivía allí un hombre rico llamado Zaqueo, jefe de los que cobraban impuestos para Roma. Este quería conocer a Jesús, pero no conseguía verlo porque había mucha gente y Zaqueo era pequeño de estatura. Por eso corrió adelante y, para alcanzar a verlo se subió a un árbol cerca de donde tenía que pasar.

Cuando Jesús pasaba por allí, miró hacia arriba y le dijo: «Zaqueo, baja en seguida, porque hoy tengo que quedarme en tu casa».

Zaqueo bajó aprisa y con gusto recibió a Jesús.

Al ver esto, todos comenzaron a criticar a Jesús, diciendo que había ido a quedarse en la casa de un pecador.

Zaqueo se levantó entonces y le dijo: «Mira, Señor, voy a dar a los pobres la mitad de todo lo que tengo y si le he robado a alguien, le devolveré cuatro veces más».

Jesús le dijo: «Hoy ha llegado la salvación a esta casa» (Del evangelio de Lucas 19,1-9).

En el evangelio de Lucas también podemos leer el encuentro de Jesús con María Magdalena:

Un fariseo invitó a Jesús a comer, y Jesús fue a su casa. Estaba sentado a la mesa, cuando una mujer de mala vida, que vivía en el mismo pueblo y que supo que Jesús había ido a comer a casa del fariseo, llegó con un frasco de alabastro lleno de perfume.

Llorando, se puso junto a los pies de Jesús y comenzó a bañarlos con lágrimas. Luego los secó con sus cabellos, los besó y derramó sobre ellos el perfume.

El fariseo que había invitado a Jesús, al ver esto, pensó: «Si este hombre fuera de veras un profeta, se daría cuenta de qué clase de persona es esta que lo está tocando: una mujer de mala vida».

Entonces Jesús le dijo al fariseo: «Simón, tengo algo que decirte».

El fariseo contestó: «Dímelo, Maestro».

Jesús siguió: «Dos hombres le debían dinero a un prestamista. Uno le debía quinientos denarios, y el otro cincuenta; y como no le podían pagar, el prestamista les perdonó la deuda a los dos. Ahora dime, ¿cuál de ellos lo amará más?».

Simón le contestó: «Me parece que el hombre a quien más le perdonó».

Jesús le dijo: «Tienes razón».

Entonces, mirando a la mujer, Jesús dijo a Simón: «¿Ves esta mujer? Entré en tu casa, y no me diste agua para mis pies; en cambio, esta mujer me ha bañado los pies con sus lágrimas y los ha secado con sus cabellos. No me saludaste con un beso, pero ella, desde que entré, no ha dejado de besarme los pies. No me pusiste ungüento en la cabeza, pero ella ha derramado perfume sobre mis pies. Por esto te digo que sus muchos pecados son perdonados, porque amó mucho; pero la persona a quien poco se le perdona, poco amor muestra».

Luego dijo a la mujer: «Tus pecados te son perdonados».

Los otros invitados que estaban allí, comenzaron a preguntarse: «¿Quién es este, que hasta perdona pecados?».

Pero Jesús añadió, dirigiéndose a la mujer: «Por tu fe has sido salvada; vete tranquila» (Del evangelio de Lucas 7,36-50).

En el evangelio de Marcos podemos leer el encuentro de Jesús con el ciego Bartimeo:

> Llegaron a Jericó. Y cuando Jesús ya salía de la ciudad, seguido de sus discípulos y de mucha gente, un mendigo ciego llamado Bartimeo, hijo de Timeo, estaba sentado junto al camino.
>
> Al oír que era Jesús de Nazaret, el ciego comenzó a gritar: «¡Jesús, Hijo de David, ten compasión de mí!».
>
> Muchos lo reprendían para que se callara, pero él gritaba más todavía: «¡Hijo de David, ten compasión de mí!».
>
> Entonces Jesús se detuvo, y dijo: «Llámenlo».
>
> Llamaron al ciego, diciéndole: «Ánimo, levántate; te está llamando».
>
> El ciego arrojó su capa, y dando un salto se acercó a Jesús, que le preguntó: «¿Qué quieres que haga por ti?».

El ciego le contestó: «Maestro, quiero recobrar la vista».

Jesús le dijo: «Puedes irte; por tu fe has sido sanado».

En aquel mismo instante el ciego recobró la vista, y siguió a Jesús por el camino (Del evangelio de Marcos 10,46-52).

Otras personas encontraron a Jesús después de la resurrección, en un encuentro tan personal como lo fue el de Zaqueo o el del ciego Bartimeo con Jesús. Fueron los primeros discípulos, que probablemente no habían sido testigos presenciales de lo que Jesús hizo y dijo, pero vivieron la experiencia de encuentro con Jesús resucitado.

Como el que vivieron dos discípulos en el camino de Emaús. Como el que vivió el grupo de los discípulos que estaban reunidos en Jerusalén y a quienes los discípulos de Emaús les contaron lo que había pasado en el camino y que habían reconocido a Jesús cuando partió el pan. Y mientras contaban lo que les había pasado en el camino, narra el evangelio de Lucas, Jesús resucitado se presentó, les dio el saludo de paz, comieron juntos y una vez más les habló sobre lo que había ocurrido a la luz de las Escrituras.

Como los discípulos de hace dos mil años, nosotros podemos reconocer a Jesús en el partir del pan: ¿no es eso, también, lo que hacemos en la celebración de la eucaristía? Como ellos, también nosotros podemos encontrarnos con Jesús en los evangelios, camina a nuestro lado en el prójimo y se hace sacramento cuando nos reunimos en la eucaristía.

5. ¿Un Dios, muchos dioses o ninguno?

Todas las religiones tienen como denominador común una realidad que es totalmente diferente de todo lo mundano y superior a todo lo humano: lo numinoso, el *mysterium tremendum et fascinans*, el misterio que, simultáneamente, atrae y atemoriza, y cuya existencia es indemostrable con pruebas científicas o de tipo racional, pero cuya presencia sí es experienciable o experimentable.

Es la divinidad, el trascendente o la trascendencia, el ser superior o los seres sobrenaturales. Y a esa realidad superior que trasciende al ser humano, cada religión da nombre propio: Ra, Zeus, Brahma, Alá, Yahvé o Dios Padre de Jesucristo.

Según la imagen que tienen de la divinidad, las religiones pueden ser teístas o panteístas:

- El teísmo considera que Dios es distinto del mundo, existía antes del mundo y creó el mundo. A esta interpretación corresponden las llamadas religiones abrahámicas: el judaísmo, el cristianismo y el islam.

- El panteísmo reconoce la presencia de la divinidad en el universo, como espíritu del universo y, al mismo tiempo, parte del universo: el hinduismo, el sintoísmo y el taoísmo, entre otras, porque veneran la naturaleza al descubrir en ella la presencia divina, se consideran religiones panteístas.

Según el número de dioses o seres sobrenaturales, las religiones pueden ser politeístas, monoteístas y henoteístas, pero también hay religiones que no tienen dioses:

- Religiones que tienen muchos dioses son el hinduismo y muchas religiones tribales: son religiones politeístas. Del panteón hindú forman parte cientos de dioses y diosas porque lo divino es percibido como energía, esencia, espíritu del universo, como principio que penetra y anima todo el cosmos. Es el brahman, que se manifiesta como Brahma al crear, como Visnú para conservar y como Siva a la hora de destruir. En esta trilogía divina, cada uno tiene su propia identidad y función:

Brahma es el ser superior y fuente de todas las cosas, a quien se suele representar con cuatro caras y cuatro brazos.

Visnú es el dios protector y conservador del universo, el legislador que establece el dharma o ley moral y orden cósmico del hinduismo, y que habita en los cielos con sus dos compañeras.

Siva es el dios destructor y regenerador, símbolo de la fecundidad, que habita en las montañas del Himalaya con la diosa Kali y sus dos hijos.

- Religiones que tienen un dios principal y varios dioses y diosas menores, como el panteón del antiguo Egipto y el de la antigua Grecia, que son religiones henoteístas.

- Religiones que creen en un solo Dios, como el judaísmo, el cristianismo y el islam, son religiones monoteístas. Yahvé, el Dios cristiano y Alá son, para judíos, cristianos y musulmanes, respectivamente, el Dios totalmente trascendente, omnipotente e infinitamente bueno. Sin embargo, cada una de las religiones occidentales tiene una imagen diferente de Dios.

El Dios de los judíos es el Dios de Abraham, de Isaac y de Jacob que camina con ellos, habla con ellos y que algunas veces es llamado Elohim y El Sadday. Es el Dios que se revela a Moisés con el nombre de Yahvé, el Dios de la alianza, el Dios que libera y salva en los acontecimientos de la historia. Es el Dios que escogió al pueblo judío, le reveló la Torá y, un día, enviará un mesías para salvar el mundo e inaugurar una era de paz y justicia. Es, también, el Dios creador porque desde el principio estaba salvando. Es Adonai, porque como los judíos no deben pronunciar el nombre de Dios, lo reemplazaron por esta expresión que significa «mi Señor».

Esta imagen de Dios del judaísmo fundamenta la imagen de Dios del cristianismo y el islam, pues las dos religiones reconocen la Biblia judía como palabra revelada de Dios.

El Dios del cristianismo es el Dios de Jesús y de la Biblia. Es el Dios de Israel, el Dios de la alianza, el Dios que libera y salva en los acontecimientos de la historia, el Dios creador. Es el Dios que se revela en Jesús de Nazaret como Padre, es el Dios del amor y del perdón, de la misericordia y la justicia que se revela en cada palabra y cada acción de Jesús. Por eso cuando Jesús perdona los pecados, cuando acoge a quienes la sociedad discrimina, cuando cura a los enfermos y les devuelve las ganas de vivir, cuando cambia los corazones para amar, Dios está, ahí, salvando y amando. Es el Dios que se hace hombre en Jesús y que es, a un mismo tiempo, Padre, Hijo y Espíritu Santo. Posiblemente para los no cristianos, las tres personas de la Trinidad resultan tres dioses diferentes, pero para el cristianismo, la Trinidad son tres personas en un solo Dios, tres maneras de actuar de Dios y todas tres manifiestan el amor de Dios.

Los musulmanes confiesan su fe recitando la sahada: «No hay más Dios que Alá y Mahoma es su profeta». Alá es la abreviatura del árabe «al-ilah», que significa «el dios», pero los musulmanes tienen 99 nombres que representan una característica divina, como el Misericordioso, el Sabio, el Vidente, el Testigo, el Protector, el Benefactor, el Creador, el Juez, el Gratificador, el Perdonador. Esta diversidad expresa que Alá no cabe en un solo nombre porque es uno, indivisible, inmutable, eterno, espiritual e invisible, y así lo proclama el Corán: «Él, Alá, único. Alá, el Eterno. No engendró ni fue engendrado. Y no es a él igual ninguno» (Del libro del Corán, sura 112). Además, como el Dios de los judíos y los cristianos, Alá es creador, revelador y salvador.

- Religiones que no tienen un dios, como algunas sectas del budismo, el taoísmo y el confucianismo que se suelen llamar religiones humanísticas, aunque en el confucianismo y el taoísmo los antepasados son venerados como dioses y algunas sectas actuales del budismo consideran a Buda como dios y cuentan con un amplio espectro de dioses.

Ahora bien, también hay ateos y ateas que no creen en ningún dios; agnósticos y agnósticas que niegan la dimensión espiritual de la existencia; partidarios y partidarias del nihilismo que no creen en nada porque lo único que existe es lo que pueden ver. Estos incrédulos e incrédulas argumentan que el sufrimiento, la enfermedad, la miseria y las catástrofes, niegan la existencia de un dios.

Otros y otras no quieren oír hablar de un dios porque tienen una imagen falsa. Piensan que es una pieza de museo que contraría la autonomía de las personas y no compagina con los avances científicos, que es opio del pueblo porque aliena las conciencias. Sienten que podría evitar el sufrimiento y no lo hace, que no acude cuando lo necesitan, que incomoda, que tiene la culpa de la muerte de sus seres queridos.

En alguna época se acudió a argumentos filosóficos para probar la existencia de Dios. Entre estos argumentos se proponía que algo o alguien tuvo que dar comienzo a la cadena de acontecimientos que conducen hasta el momento presente y ese alguien tiene que ser Dios: es el argumento cosmológico. O el ejemplo del reloj y el relojero que lo fabricó, para explicar que, de la misma manera, tiene que existir un creador del mundo: es el argumento teleológico. O que la libertad humana proviene de algo o alguien que está más allá de la naturaleza y ese alguien tiene que ser Dios: es el argumento moral.

Pero la existencia de un dios, llámese como se llame, no se demuestra con argumentos filosóficos sino con el testimonio de quienes han vivido la experiencia de encuentro con él: el testimonio de Moisés, de Jesús o de Mahoma, pero también la experiencia de toda persona que reconoce la presencia divina en el encuentro con la naturaleza o con las demás personas.

Ahora bien, no hay que pensar que el politeísmo y los ídolos pertenecen a culturas remotas en el espacio y en el tiempo. En nuestra experiencia religiosa contemporánea se entremezclan diversas imágenes de Dios que ocultan al Dios vivo y verdadero, al Dios de Jesucristo, al Dios que muchas veces y de muchas maneras ha hablado a la humanidad, como escribía el autor de la carta a los Hebreos.

Estas diversas maneras de hablar de Dios explican, también, el porqué existen diversas imágenes que corresponden a los diversos entornos culturales y circunstancias históricas en que se vive la experiencia de Dios y son válidas en su correspondiente contexto.

Pero también hay imágenes de Dios que son caricaturas acomodadas a intereses personales o de grupo.

No quiere esto decir que Dios cambia. Cambian el nombre y la cultura. Cambian las circunstancias. Cambia la percepción que se tiene de la realidad. Cambia el horizonte de comprensión y los marcos de pensamiento en los que se expresa la experiencia de Dios.

Tampoco quiere decir que haya un Dios verdadero —el de una religión— y dioses falsos —los de otras religiones—, sino que muchas veces la humanidad fabrica sus propios dioses —estos, sí, falsos dioses— que son proyecciones humanas y deformaciones de la imagen de Dios. O que el Dios en quien se cree o en quien no se cree no corresponde a las actuales circunstancias históricas y, por lo tanto, resulta anacrónico.

Por eso es probable que quienes niegan a Dios, lo rechacen o no quieran oír hablar de él, tengan una imagen que proviene de otra cultura o que ha sido deformada para servir a ciertos intereses. O tengan una imagen deformada, recortada, incompleta o, simplemente, falsa, en la cual no pueden creer o hacia la cual sienten repugnancia.

Las siguientes son algunas de estas imágenes:

- Una de las imágenes más antiguas de dios es como una fuerza misteriosa que se puede atraer o alejar. Surge como proyección de las angustias y fantasmas que nos amenazan. Puede llamarse Baal o Moloch o de cualquier manera. Su principal característica es que no tiene cara y se percibe como un poder peligroso que hay que ganarse o hay que alejar. Y tanto para participar de esa fuerza, como para ahuyentarla, se recurre a ritos —ritos mágicos— que la conjuran. De esta imagen de dios no se puede declarar libre la religión de los cristianos. Con mucha frecuencia, nuestras prácticas religiosas se quedan en ritos que pretenden atraer la intervención divina o ahuyentar el castigo, por lo cual muchas veces, además, los sacerdotes son considerados como depositarios de poderes sobrenaturales.

En las llamadas religiones naturales es posible encontrar manifestaciones de este dios, lo cual no quiere decir que se considere a las divinidades paganas como dioses falsos. En el Zeus griego, Ra de los antiguos egipcios, Siva-Kali del panteón hindú, Mareihua de los guajiros y Haba de los koguis —por citar sólo algunos nombres— se descubre cómo percibe la humanidad el misterio, pero también hay indicios de que la religión de estos dioses puede ocasionar alienación, a lo que también ha podido dar origen la imagen del Dios de los cristianos que en algún momento de la historia se ha predicado. Es la imagen de dios que Marx y Feuerbach calificaban como «opio del pueblo» por cuanto sumen a los hombres y mujeres en una ilusión, alejándolos de la realidad.

- Es falsa la imagen del dios que todo lo puede y que es responsable de todo lo bueno y de todo lo malo. Es la imagen de un dios omnipotente o todopoderoso. Y aunque el calificativo se encuentra en nuestro credo, la representación que nos hacemos nada tiene que ver con la imagen bíblica que el credo pretendiera traducir. Este «dios todopoderoso» se concibe como una especie de dictador, a cuya voluntad o capricho hay que someterse, capaz de todo, pero también responsable de todo, que maneja a hombres y mujeres como marionetas y que es culpable de los males del mundo porque podría evitarlos y no lo hace. La actitud frente a este dios es la pasividad, el conformismo, la resignación. O el rechazo, porque ¿cómo no rebelarse contra un dios que hace sufrir o que se cruza de brazos en lugar de impedir el sufrimiento? Por eso Marx y Feuerbach rechazaron la religión de un dios omnipotente y una humanidad doblegada ante la voluntad divina.

- Otra imagen falsa es la del dios que viene en nuestra ayuda cuando se lo pedimos. Es la imagen de un dios que sirve para salir de apuros, una especie del genio de la lámpara de Aladino, al que se invoca en medio de la necesidad. Es un dios que imaginamos que está de nuestra parte a la hora de presentar un examen, obtener un puesto, ganar la lotería o una batalla. ¿Recuerdan a Constantino, el emperador romano, y a Clodoveo, el rey de los francos? Cada uno de ellos, en dos momentos de la historia, le pidió al Dios de los cristianos que los hiciera ganar. Y como ganaron, se convirtió al cristianismo el Imperio Romano y, siglos después, se convirtieron los francos. Pero este dios tiene todavía muchos partidarios y muchos recurren a él cuando los recursos humanos se agotan, incluso los que no creen en un dios.

- De la imagen del dios que tiene por oficio mantener el orden resultan dos caricaturas muy populares de Dios. La una es la imagen de un dios guardián del orden moral que sirve de justificación a un comportamiento: es «el coco» que asusta, que reprime, que exige portarse bien. La otra es parecida: es el dios guardián del orden social, que sirve de soporte a quienes detentan el poder. Al primero le atribuyen las familias el penoso oficio de controlar y hacer obedecer porque todo lo ve y todo lo sabe, y en quien dejan de creer las personas cuando dejan de creer en «el coco». El segundo, el «dios policía», tuvo y todavía puede tener simpatizantes y a él se invoca para cometer las peores infamias porque está de parte del orden que favorece a los poderosos.

- También es falsa la imagen de un dios que tiene su trono entre nubes y está rodeado de querubines mofletudos. Es un dios que consuela, que inspira sentimientos nobles y que hace sonreír a los adultos porque generalmente forma parte de los recuerdos de infancia, pero que se deja arrinconado con el triciclo, las muñecas y los demás juguetes que poblaban el mundo de la niñez porque no tiene cabida en el mundo del adulto.

- Y hay otra imagen de dios. Habita en las alturas, como todos los dioses, pero se mete en la vida de las personas para controlar los sentimientos y, particularmente, con todo lo que tenga que ver con el sexo, por lo cual lleva la cuenta de pensamientos, palabras y obras. Esta caricatura se introdujo subrepticiamente en el cristianismo y alcanzó mucha fuerza en algunas épocas. De este dios se ríen las gentes cuando logran eliminarlo de sus vidas para poder vivir a sus anchas.

- Imagen muy conocida es la del dios de los sabios y filósofos, que es «causa primera» y «motor inmóvil». Tuvo mucha acogida en la teología cristiana, especialmente desde la teodicea y la apologética que reducían esta imagen de dios a un objeto de especulación y definición, a un concepto que se puede precisar mediante la razón. Obviamente, un dios que es sólo un concepto no puede ofrecer otra imagen que la de un dios frío, distante, desentendido de los problemas de la humanidad, pero que interviene directamente en la naturaleza y, por tanto, es responsable de lo bueno y de lo malo. Este dios gustó mucho y tuvo sus partidarios entre los mismos católicos. Hizo las delicias de los racionalistas creyentes, mientras los otros se vieron obligados a negarlo como una proyección o una hipótesis elaborada por la razón. Y aunque no se niega que mediante la razón es posible hacernos una idea de Dios, esta imagen del dios de los sabios y filósofos, que no es «alguien» sino «algo», no es el Dios de los cristianos.

- Otra imagen muy conocida de dios es la que explica los que la inteligencia humana se declara incapaz de explicar. Es el dios «tapagujeros» que llena los vacíos dejados por el conocimiento racional o científico. Pero cuando la ciencia conquista esos vacíos, el espacio sin explicar que dios llenaba va disminuyendo. Con esta imagen de dios entra en conflicto la ciencia, que termina relegándolo al sector de pensionados y desocupados porque dejó de cumplir una función que ahora puede realizar la ciencia. Este dios fue el que negaron los cirujanos racionalistas porque no encontraron el alma con la punta del bisturí y el que los astronautas rusos no podían encontrar en su viaje por el universo.

Junto a los falsos dioses están los ídolos que usurpan el lugar de Dios y a quienes la humanidad rinde culto, incluso los que se declaran ateos. Porque se puede ser ateo y adorar al dinero, o al poder, o a la buena vida. Al haber eliminado a Dios o a sus falsas imágenes, el mundo actual —como también lo hiciera el de otras épocas— lo ha reemplazado por un nuevo panteón de ídolos que reclaman sacrificios y sus exigencias pueden llevar a la destrucción de sus adoradores. A estos ídolos, hombres y mujeres consagran la vida y en su honor se erigen altares y templos. Y es que cuando el ser humano no encuentra a Dios, el campo de la experiencia religiosa resulta invadido por las ambiciones humanas convertidas en absolutos: en ídolos que, muchas veces, generan desilusión, angustia, sinsentido.

Para encontrar al Dios de Jesucristo, que es el que podemos llamar el Dios vivo y verdadero, puede ser necesario, por una parte, hacer a un lado los ídolos que de una u otra manera impiden descubrir su presencia, pues para hablar de él no hacen falta argumentos de razón ni definiciones dogmáticas. Este Dios que Jesús nos muestra —propiamente, nos «revela»— no es el «motor inmóvil» o la «causa primera», sino el primero en amar y el primero en hablar. Tampoco está de parte de unos y en contra de otros, sino que ama y salva por igual a todos los que acepten su amor. Ni es un dios que aliena sino que libera, porque respeta la libertad humana y quiere la felicidad de todos y todas, que no tiene prejuicios ni discrimina, que prefiere la solidaridad y la justicia a las prácticas rituales.

Para encontrar al Dios que se revela en Jesús y a través de la historia del pueblo de Israel, hace falta, por otra parte, recurrir a la Biblia para descubrir cómo fue la experiencia de los israelitas, que percibieron de manera incomparable la presencia de Dios en su historia, y cómo fue la experiencia de Jesús, que vivió la presencia de Dios y quiso compartirla no sólo con sus contemporáneos sino con todos los que quieran vivirla en cualquier época y en cualquier lugar.

El antiguo testamento recoge experiencias sucesivas de Dios en la historia del pueblo de Israel: experiencias vividas en circunstancias históricas concretas; experiencias interpretadas y expresadas en un lenguaje simbólico, como es el lenguaje que expresa la experiencia religiosa; experiencias compartidas, celebradas y transmitidas de una generación a otra.

Estas experiencias corresponden a diversas circunstancias culturales, con su comprensión de la realidad y organización social, así como con las aspiraciones humanas correspondientes al momento histórico. Por eso no es idéntica y única la experiencia de Dios vivida por el pueblo de Israel que descubre el hacer de Dios en su historia y que aprendió a leer los acontecimientos de la historia en la óptica de Dios. Así, la salida de Egipto, leída desde esta perspectiva, es el primer acontecimiento de la historia del pueblo de Israel, punto de partida de su fe histórica y de su existencia como pueblo, desde el cual se remontan para leer en sus tradiciones la experiencia de Dios que sus antepasados vivieron: las experiencias de Abraham, de Isaac y de Jacob, interlocutores de Dios y con quienes establece un pacto. Este Dios es un Dios familiar, que protege y guía.

El nuevo testamento, por su parte, recoge la experiencia de Dios vivida por Jesús de Nazaret y por sus seguidores: experiencia vivida, igualmente, en circunstancias históricas concretas, interpretada y expresada en el lenguaje de la fe, compartida, celebrada y comunicada. Experiencia de Dios como Padre. Experiencia de Dios que es amor.

Ahora bien, se puede creer o no creer y vivir tranquilamente sin complicarse la vida con la pregunta sobre Dios, creer en una caricatura de Dios o declararse ateo sin saber que lo que se rechaza es una falsa imagen de Dios. Se puede pensar que Dios es una pieza de museo, que la existencia de Dios contraría la libertad humana y no compagina con los avances científicos. O, a lo mejor, tener un Dios que existe en momentos especiales.

Lo que sucede es que son los falsos dioses los que han quedado arrinconados en desvanes y museos por anacrónicos, o ha habido que licenciar porque se quedaron sin oficio al alcanzar la humanidad su mayoría de edad, o son los que ocultan y sustituyen al Dios de amor que, para nosotros los cristianos, se da a conocer en Jesús.

6. ¿Por qué y para qué creer en la Iglesia?

Qué es lo que la mayoría de las personas entiende por Iglesia: ¿los obispos y el Papa?, ¿un lugar al que hay que ir obligatoriamente una vez a la semana?, ¿una institución que abruma con sus normas?

La Iglesia es la presencia y prolongación en la historia de la obra que realizó Jesús hace dos mil años. Y todos los bautizados y bautizadas somos responsables de la misión que Jesús le confió a su Iglesia: hacer presente el amor y la salvación de Dios —esa es la «buena noticia»: el evangelio— en medio del mundo en el que cada uno de nosotros vive.

Ahora bien, la manera como la Iglesia se entiende a sí misma depende de las circunstancias históricas que condicionan su autocomprensión e incide en la forma de entender la responsabilidad de sus miembros y cuál es la misión eclesial.

Por eso parece conveniente repasar algunas formas como la Iglesia se entiende o se ha entendido a sí misma y que se conocen como tipologías eclesiales.

La Iglesia que se entiende a sí misma como sociedad perfecta

La Iglesia se organizó en los siglos de cristiandad, según el modelo de la sociedad civil de la época, como una sociedad de desiguales en la que el poder era ejercido por el clero para enseñar, santificar y gobernar a los laicos.

Esta división clero / laicos fue consagrada en el siglo XI por la reforma gregoriana y quedó plasmada en la siguiente definición del Código de Graciano:

> Hay dos géneros de cristianos, uno ligado al servicio divino [...] constituido por los clérigos. El otro es el género de los cristianos al que pertenecen los laicos.

En esta perspectiva medieval, el clero era el estado de los perfectos mientras el estado laical era una concesión a la debilidad humana.

Esta separación llegó hasta épocas recientes, como lo evidencian las siguientes palabras de una encíclica que escribió el papa Pío X en los primeros años del siglo XX:

> La Iglesia es una sociedad desigual que comprende dos categorías de personas, los pastores y el rebaño; los que ocupan un puesto en los distintos grados de la jerarquía y la muchedumbre de los fieles. Y estas categorías son tan distintas entre sí que en el cuerpo pastoral sólo residen el derecho y la autoridad necesaria para promover y dirigir los miembros hacia el fin de la sociedad. En cuanto a la muchedumbre, no tiene otro deber sino dejarse conducir y, rebaño dócil, seguir a sus pastores.

La línea divisoria entre los dos sectores de la Iglesia está marcada por el sacramento del orden que confiere a los unos los poderes y la autoridad de los cuales carecemos los otros. La línea divisoria tiene mucho que ver con un saber que domina el clero y al cual no hemos tenido acceso los fieles cristianos.

Desde esta autocomprensión, los laicos, que son hombres y mujeres que se mueven —nos movemos— en un mundo profano, resultan minusvalorados en una Iglesia de clérigos. Por eso podemos sentirnos por fuera de la Iglesia o considerarnos miembros de segundo orden y que nuestro papel en la vida de la Iglesia consiste en obedecer lo que la jerarquía manda y en recibir los bienes de la salvación que esa misma jerarquía administra.

La Iglesia que se entiende a sí misma como cuerpo místico

El origen de esta autocomprensión de la Iglesia es el símil del cuerpo que el apóstol Pablo utilizó para explicar la presencia del Resucitado en la comunidad cristiana, así como el hecho de la diversidad en la unidad.

Pío XII, en 1943, recurrió a este símil para equilibrar el modelo juridicista de la Iglesia como institución. El énfasis en la capitalidad o participación en el poder de Cristo por la ordenación, marcó la distancia y subordinación entre la jerarquía y el laicado. La encíclica *Mystici corporis* afirmaba que «quienes ejercitan el sagrado poder en el cuerpo son los primeros y principales miembros», mientras a los fieles corresponde «asistir a la jerarquía eclesiástica en la expansión del Reino del Divino Redentor».

La Iglesia que se entiende a sí misma como sacramento

La experiencia de los primeros cristianos que reconocieron la presencia del Resucitado en la comunidad fundamenta la autocomprensión de la Iglesia como sacramento y así la definió el Concilio Vaticano II: sacramento de la unión de los hombres entre sí y con Dios y sacramento universal de salvación, entendiendo la Iglesia como prolongación de la sacramentalidad de Cristo.

En la sacramentalidad de la Iglesia, el bautismo es la razón de ser de la consagración y la misión, por lo cual la comunidad de los bautizados es anterior a quienes ejercen en ella un ministerio.

La Iglesia que se entiende a sí misma como pueblo de Dios

La Iglesia del nuevo testamento, comunidad de los consagrados por el Espíritu Santo y cuerpo de Cristo, también se entendió a sí misma como pueblo sacerdotal y nuevo pueblo de Dios.

Esta autocomprensión de la Iglesia, recuperada en la teología contemporánea y proclamada por el Vaticano II, pretendió complementar la eclesiología del cuerpo místico para poder responder teológicamente al compromiso de los laicos en la Europa de la década anterior al Concilio.

Este modelo eclesiológico destaca lo que es común a todos los cristianos —la consagración bautismal— y al reconocerse la Iglesia como pueblo sacerdotal, se afirma el sacerdocio común de los fieles —sacerdocio bautismal— como anterior al sacerdocio ministerial.

La visión de la Iglesia como pueblo de Dios, pueblo sacerdotal, profético y real, afirma, también, la común vocación a la santidad y la igual dignidad de todos los cristianos en la diversidad de funciones:

> La diferencia que puso el Señor entre los sagrados ministros y el resto del pueblo de Dios lleva consigo la unión. En la diversidad, todos darán testimonio de la admirable unidad del Cuerpo de Cristo (Del Concilio Vaticano II: Constitución sobre la Iglesia, numeral 32).

La Iglesia que se entiende a sí misma como comunión

La eclesiología de comunión tiene como origen la experiencia de la Iglesia neotestamentaria que vivía la común-unión, en Cristo, por la acción del Espíritu: comunión con el Padre y comunión fraterna.

El Concilio Vaticano II recogió esta eclesiología de signo comunitario y la formuló, principalmente, en la Constitución sobre la Iglesia: la misión salvífica de la Iglesia es responsabilidad de todos sus miembros. Esta dimensión comunitaria aparece en la imagen de la «Iglesia sacramento», es decir, signo e instrumento de la unión de los hombres entre sí y con Dios, y en la imagen de la «Iglesia pueblo de Dios», en la que la comunidad es anterior a quienes ejercen en ella los ministerios o servicios por acción única y exclusiva del Espíritu Santo que anima y organiza a la Iglesia para el servicio.

De la Iglesia como comunión escribió el papa Juan Pablo II en 1985:

> La eclesiología de comunión es la idea central del Concilio. La *koinonía*-comunión, fundada en la Sagrada Escritura, ha sido muy apreciada en la Iglesia antigua y en las Iglesias orientales hasta nuestros días. Por esto el Concilio Vaticano II ha realizado un gran esfuerzo para que la Iglesia en cuanto comunión fuese comprendida con mayor claridad concretamente traducida en la vida práctica. ¿Qué significa la palabra comunión? Se trata fundamentalmente de la comunión con Dios por medio de Jesucristo en el Espíritu Santo. Esa comunión tiene lugar en la palabra de Dios y en los sacramentos (De la carta de Juan Pablo II sobre los laicos, numeral 19).

7. ¿Y cuando se trata de celebrar el matrimonio?

Cuando llega el momento de partir, los hijos y las hijas suelen preguntar: ¿por qué tengo que casarme? y ¿por qué por la Iglesia? También pueden preguntar que si se casan por la Iglesia están obligados a que sea para toda la vida y, a lo mejor, no se quieren sentir amarrados.

Desde la experiencia de haber preparado parejas para el matrimonio —unas veces con éxito y otras, no tanto, porque, en un caso o en el otro, los resultados dependen únicamente de cada pareja— puedo intentar responder a las anteriores preguntas.

Y lo hago desde la convicción de que el amor hace a la pareja y hace el matrimonio, pero también que la pareja hace el amor y la pareja de bautizados se hace sacramento del amor que nunca se acaba. Por eso la propuesta de Jesús es un «no al fracaso», pero no una obligación o imposición como tantas veces se entiende la indisolubilidad.

Tampoco es una imposición u obligación la celebración del matrimonio, como también tantas veces se cree.

Pero vayamos por partes en las respuestas, ciertamente enmarcadas en la fe cristiana y en la tradición católica:

- Primero, hay que hablar del amor que hace a la pareja.

- Luego, de cómo el amor hace el matrimonio.

- Enseguida, de la pareja de bautizados que se hace sacramento del amor.

- Y, por consiguiente, de la celebración de ese amor.

- También del amor que es un «no al fracaso».

- Y del sentido que tiene, para la pareja, «hacer el amor».

El amor hace a la pareja

Cuando se vive un proyecto de amor, ese mismo amor es la fuerza que une y mantiene unida a la pareja, incluso a través de los tropiezos del diario vivir y a pesar de las dificultades de la convivencia que se cuelan peligrosamente en la experiencia de pareja. Porque sería ingenuo esperar de la relación de pareja una felicidad como la de los cuentos de hadas. La felicidad de la vida de pareja no se encuentra a la vuelta de la esquina. Hay que lucharla.

Y no son las leyes, ni la sociedad, ni la Iglesia, ni siquiera Dios, lo que obligue a una pareja a seguir unida. La unión depende del amor. Pero no de cualquier «amorcito» o espejismo de amor que el viento se puede llevar, sino del amor que es exclusivo, del amor que es fiel, del amor que nunca se acaba, del amor que es fecundo.

- En primer lugar, el amor es exclusivo porque excluye a todas las demás personas: porque hay amor, cada uno quiere compartir la vida del otro y estar a su lado; porque hay amor, cada uno siente que el otro forma parte de sí mismo de una manera muy diferente a como todas las demás personas pueden entrar en su mundo; porque hay amor, la pareja parece única, irremplazable; porque hay amor, el otro no está junto sino que es parte de sí mismo;

porque hay amor, la existencia del otro es centro de gravedad de la propia existencia.

- En segundo lugar, el amor es fiel y la fidelidad es consecuencia del amor. Pero, ¿qué es la fidelidad? Viene del latín *fides*, que significa «fe»: es creer y seguir creyendo, esperar y seguir esperando el uno en el otro porque los dos se aman y se quieren seguir amando. La fidelidad nace de la fe que cada uno pone en el otro y del sí que inicialmente se dan y tienen que estar constantemente renovando. Por eso la fidelidad no es imposición externa. No es una obligación, como muchas veces se cree. No se reduce a no «engañar» al esposo o a la esposa, a «no irse» con otro u otra. Ese no es el compromiso de la pareja. Su compromiso es amarse y seguir amándose, ser felices y seguir siendo felices, porque cada uno de los dos tiene fe en el otro y tiene mucho que esperar del otro. La fidelidad, que es consecuencia del amor, es, además, voluntad de seguir creyendo, seguir esperando y, principalmente, seguir amando a esa persona en quien cada uno cree y espera.

- En tercer lugar, toda pareja aspira a que la felicidad no se acabe, es decir, que pueda durar, incluso, para toda la vida. Y espera que nada ni nadie pueda separarlos porque cuando hay amor, cada uno encuentra la felicidad en el otro y quiere eternizar esa felicidad. Es la otra consecuencia del amor: la permanencia.

El derecho habla de indisolubilidad, pero no es el matrimonio lo que es indisoluble en razón de una ley sino que el amor de la pareja hace indisoluble su unión. Porque el verdadero amor no se acaba: permanece. Y está en las manos de cada pareja defenderlo contra todo lo que pueda amenazarlo, luchar para que nada ni nadie pueda separarlos.

- En cuarto lugar, el amor es fecundo porque transforma a las personas, desarrolla sus cualidades personales, ayuda a crecer y madurar juntos, descubre lo mejor de cada uno, rompe el individualismo de cada uno de los dos para hacer la pareja. Y es fecundo cuando además de haber creado la pareja y de haberla fortalecido, procrea. Es entonces cuando el amor puede ser fecundo en los hijos a quienes se llama a la vida y en quien se prolonga el amor de la pareja.

El amor hace el matrimonio

Aquí surgen dos preguntas: ¿qué es el matrimonio? y ¿cómo se hace el matrimonio?

Se le da el nombre de matrimonio al proyecto que cada pareja va realizando a lo largo de toda su vida, proyecto que incluye su reconocimiento público y su celebración, proyecto que para la pareja cristiana es sacramento.

Pero la pregunta que se hacen las parejas es cómo hacer realidad el proyecto de amor y cómo encontrar la felicidad en la experiencia de pareja.

Una posible respuesta es que el matrimonio se hace en el amor y que si la pareja hace realidad su proyecto en el amor, también encuentra la felicidad.

Porque el matrimonio es un proyecto de amor que se va realizando progresivamente: en la decisión libre y personal de cada pareja de amarse y seguir amándose; en la mutua entrega y aceptación de todos los días; en generosidad; en la unión vivida y conquistada cada día; en la participación de la vida toda para compartir alegrías y sinsabores; en la apertura a la vida, a los otros y a Dios. Es un proceso, un camino, no un punto de llegada.

La fuerza del proyecto que cada pareja construye día a día es el auténtico amor. Por eso la felicidad como proyecto que la pareja espera conquistar depende del amor que los une. Lo que da sentido a la vida, da vida a la pareja y llama a los hijos a la vida es el amor. Y el encuentro como pareja se hace realidad en el amor que rompe el individualismo, el aislamiento y la soledad, y abre para el encuentro con el otro y con los otros, pero también hacia la acogida de los hijos, hacia el futuro y hacia Dios.

La pareja de bautizados se hace sacramento del amor

¿Y qué significa que la pareja «se hace sacramento del amor»?

En primer lugar, el sacramento del matrimonio no es simplemente la legalización o formalización de la unión de la pareja aunque generalmente la celebración sirve para dar este reconocimiento, incluso, en algunos países, para su reconocimiento legal.

En segundo lugar, hay que aclarar lo que la palabra «sacramento» quiere decir. El sacramento es signo, presencia, participación de una realidad que, a simple vista, no percibimos. Por eso, decir que la pareja de bautizados «se hace sacramento del amor» es decir que se hace signo, presencia, participación del amor y no de cualquier amor sino del amor con el que Dios ama.

En tercer lugar, la sacramentalidad de la pareja de bautizados hunde sus raíces en las páginas de la Biblia, donde es reconocida como imagen y semejanza de Dios, símbolo de la relación entre Dios y su pueblo, sacramento del amor de Cristo por la Iglesia:

- Según el primer relato de creación del libro del Génesis, «a imagen suya» creó Dios la pareja; es decir, creó personas inteligentes, libres, capaces de amar, capaces de darse y, sobre todo, capaces de relacionarse y de entrar en comunión. «Varón y hembra los creó» para que en su comunión de vida sean imagen de Dios, comunión de personas y participen del amor de Dios. «Y los bendijo», porque la existencia de la pareja es bendición de Dios y su tarea en el mundo es el proyecto por el cual y para el cual son bendecidos. Decir que la pareja es imagen y semejanza de Dios es, pues, lo mismo que decir que es sacramento —presencia— de la comunión del Padre, el Hijo y el Espíritu Santo.

- El amor, la ternura, la fidelidad y los celos con que el antiguo testamento expresa el actuar de Dios pertenecen a la terminología de la relación de la pareja. Pero es en la predicación de los profetas donde en forma más explícita esta relación sirve para hacer comprensible la alianza entre Dios y su pueblo. La experiencia humana del amor conyugal explica las características del amor de Dios y el pacto, que en ambos casos se da como relación jurídica, es consecuencia del amor y la fidelidad.

- Los escritos del nuevo testamento se apropian de esta simbología que es la que utiliza la carta a los cristianos de Éfeso para explicar el sentido cristiano del matrimonio al proponer a los nuevos cristianos cómo vivir la vida nueva de bautizados y bautizadas, diferente de la vida que llevaban antes de su conversión y que consiste en una nueva forma de obrar, una nueva forma de relacionarse, una nueva forma de vivir las relaciones familiares, una nueva manera de vivir la relación de pareja:

> Estén sujetos los unos a los otros, en el amor de Cristo. Las esposas a sus maridos, como al Señor, porque el esposo es cabeza de la esposa, como Cristo es cabeza de la Iglesia, la cual es su cuerpo. Así como la Iglesia está sumisa a Cristo, así también las esposas deben estarlo a sus esposos en todo.
> Esposos, amen a sus esposas como Cristo amó a la Iglesia y dio su vida por ella, para santificarla, purificándola mediante

el baño de agua acompañado de la palabra, para presentársela a sí mismo resplandeciente; sin mancha ni arruga ni cosa parecida, sino santa y perfecta. Así deben amar los esposos a sus esposas como a su propio cuerpo.

El que ama a su esposa se ama a sí mismo. Porque nadie odia su propio cuerpo: sino que lo alimenta y lo cuida, como Cristo hace con la Iglesia, porque ella es su cuerpo. Y nosotros somos miembros de su Cuerpo.

Por eso el hombre dejará a su padre y a su madre para unirse a su esposa, y los dos serán una sola persona. Gran misterio es este. Lo digo respecto a Cristo y la Iglesia (De la carta a los Efesios 5,21-32).

Este último texto es el que ofrece las pistas en relación con la sacramentalidad de la pareja y sus consecuencias, pero antes hay que aclarar que la sujeción y pertenencia de la mujer al marido corresponden al modelo sociocultural del medio en que nació el cristianismo. Pero lo importante es la comparación, al estilo de los profetas, de la unión de la pareja con la unión de Cristo y de su Iglesia y, por lo cual, la pareja cristiana participa del amor y la unión entre Cristo y la Iglesia.

Asimismo, hay que aclarar el significado de la expresión: «Gran misterio es este, lo digo respecto a Cristo y a la Iglesia». La palabra griega «misterio», que significa signo, presencia, participación, se tradujo al latín por la palabra «sacramento», lo cual quiere decir que la pareja participa del amor salvador de Cristo por la Iglesia y que la pareja de bautizados, hombre y mujer transformados por la gracia, es sacramento y participa del amor con que Cristo ama a la Iglesia.

Muchas son las consecuencias de esta sacramentalidad del matrimonio. En primer lugar, permite al amor humano participar del amor con el cual Dios se hace presente en la historia de la humanidad: amor gratuito, fiel, definitivo, que perdona y salva, amor que va más allá de la unión para realizar la comunión de la pareja. Pero para que esta transformación tenga lugar es preciso que exista, como requisito, el ingrediente indispensable del amor humano y no alguno de sus espejismos; que los esposos reúnan las condiciones de madurez humana para amar de verdad; que estén abiertos a la acción de la gracia y no absoluticen su amor cerrándole la puerta a la presencia de Dios en su experiencia.

Es así como por su vinculación a Cristo, el bautizado y la bautizada están en condiciones de amar como Cristo y salvar a su pareja como Cristo salva a su Iglesia, es decir, ser el uno para el otro portadores de salvación. En la comparación de la carta, el esposo ama como Cristo: por eso se entrega a su mujer, la santifica, la purifica y se la presenta a Cristo resplandeciente. Así, al amar como Cristo, la relación de amor se transforma en una relación salvífica: el esposo es, para la esposa, portador de salvación. En razón del modelo cultural que enmarca esta carta, la comparación se aplica únicamente al esposo, pero desde un modelo diferente de relación de pareja, como es el actual, se puede válidamente ampliar la idea: la esposa ama como Cristo y por eso se entrega a su esposo, lo santifica, lo purifica y se lo presenta a Cristo resplandeciente. Su relación de amor es transformada, de idéntica manera, en una relación salvífica y ella es, para el esposo, portadora de salvación.

No es que el rito «eleve» el matrimonio a sacramento y santifique lo que no era santo, a la vez que hace indisoluble el lazo entre los esposos, sino que el matrimonio de dos bautizados es sacramento, es decir, expresa y realiza la unión de Cristo y de la Iglesia con sus características de exclusividad, fidelidad, fecundidad e indisolubilidad. Por eso la unión de la pareja de bautizados puede ser o está llamada a ser exclusiva, como es la entrega de Cristo a su Iglesia; irrevocable, como es el sí de Dios a la humanidad; fecunda, porque participa del amor de Dios que comunica la vida nueva y salva.

La celebración del amor

Las parejas, con ocasión de la celebración de su matrimonio, suelen cumplir con un ritual muy parecido al que cumplen las parejas de todos los tiempos, porque este acontecimiento está rodeado de prácticas convencionales propias de cada contexto cultural y que cada generación repite.

De este ritual forman parte las fiestas de despedida, las compras para el nuevo hogar, los vestidos que se usan el día de la boda, las tarjetas de invitación y participación que se envían, la ceremonia religiosa, el ramo de la novia y el ponqué tradicional, los regalos que se reciben, la luna de miel y otros muchos detalles que rodean la celebración de un matrimonio.

Este ritual, que es de carácter social y religioso, permite a cada pareja expresar su vinculación con las respectivas familias y amigos, así como su apertura a una realidad que la trasciende. Y porque permite a las familias y a los amigos acompañar a la pareja a «dar el paso» —es un «rito de paso»— a la vez que les ayuda a todos a elaborar la ruptura que este paso representa.

Este es el sentido de la ceremonia misma del sacramento del matrimonio como celebración del amor y repetición del sí con el que la pareja empezó a construir su proyecto. Y con este sí público y solemne, la pareja comienza a caminar por la vida y es ocasión de fiesta y alegría familiar, de oración y bendición de la Iglesia.

La celebración del sacramento del matrimonio suele hacerse dentro de la misa, durante la cual la pareja manifiesta su consentimiento en presencia del padre y de la comunidad que implora de Dios su bendición para el proyecto de vida que quieren construir.

El ritual del matrimonio propone muchos textos del antiguo y del nuevo testamento para las lecturas de la misa con el fin de que las parejas descubran y expresen en ellos su propio proyecto de amor, así como muchas fórmulas para expresar el consentimiento.

La siguiente es una de las posibles opciones del ritual del sacramento del matrimonio.

La primera parte del rito matrimonial es un diálogo entre el padre que presencia el matrimonio o que actúa como testigo y la pareja. El padre hace tres preguntas:

> ¿Han venido con plena libertad a celebrar el sacramento del matrimonio?
>
> ¿Al elegir el sacramento del matrimonio, están dispuestos a amarse, honrarse y respetarse toda la vida?
>
> ¿Están preparados para recibir, responsable y amorosamente, los hijos como don de Dios y a educarlos según la ley de Dios y de su Iglesia?

A cada una de estas preguntas, la pareja responde:

> Sí, vine libremente.
>
> Sí, estoy dispuesto. Sí, estoy dispuesta.
>
> Sí, estoy dispuesto. Sí, estoy dispuesta.

El centro del rito es el consentimiento que expresa la pareja con estas palabras u otras similares:

> El novio: _____, ¿quieres ser mi esposa?
>
> La novia: Sí quiero. Y tú, _____, ¿quieres ser mi esposo?
>
> El novio: Sí quiero. Yo, _____, me entrego a ti como tu esposo y te acepto y te recibo como mi esposa. Prometo permanecerte siempre fiel en la alegría, en la adversidad y en el dolor, en la salud y en la enfermedad, en la pobreza y en la prosperidad, para amarte y respetarte durante todos los días de mi vida.
>
> La novia: Yo, _____, me entrego a ti como tu

esposa y te acepto y te recibo como mi esposo. Prometo permanecerte siempre fiel en la alegría, en la adversidad y en el dolor, en la salud y en la enfermedad, en la pobreza y en la prosperidad, para amarte y respetarte durante todos los días de mi vida.

Y después de que la pareja ha expresado el consentimiento, el padre dice:

> El Señor confirme el consentimiento que han manifestado ante la Iglesia y con su bendición los ayude toda la vida a cumplir el compromiso que han contraído. Lo que Dios ha unido, no lo separe el hombre.

La tercera y última parte del rito matrimonial es la entrega o intercambio de anillos que el padre bendice y también la pareja bendice al entregarlos:

> El padre: El Padre amoroso bendiga estos anillos que van a entregarse el uno al otro como signo de amor y fidelidad.
>
> Dios, fuente de amor verdadero, bendice y santifica el amor de estos hijos tuyos, _____ y _____, y concédeles que estos anillos les recuerden su promesa de mutuo amor. Por Cristo nuestro Señor.
>
> El novio: _____, recibe esta argolla como signo de mi amor y fidelidad. En el nombre del Padre y del Hijo y del Espíritu Santo.
>
> La novia: _____, recibe esta argolla como signo de mi amor y fidelidad. En el nombre del Padre y del Hijo y del Espíritu Santo.

El ritual incluye, además, oraciones para la celebración de la misa, una de las cuales es esta que reza el padre antes de la comunión:

> Padre santo, creador del universo, que hiciste al hombre y a la mujer a tu imagen y bendijiste su unión matrimonial, te rogamos por estos esposos, _____ y

_____, quienes hoy se unen por el sacramento del matrimonio.

Descienda sobre ellos tu bendición, para que disfrutando de las alegrías de la entrega mutua, don recibido de la alianza matrimonial, sus hijos sean el encanto del hogar y con ellos tu Iglesia se acreciente con nuevos miembros. Padre bondadoso, en la alegría te alaben, en la tristeza te busquen, en el trabajo encuentren el gozo de tu ayuda, y en las necesidades sientan cercano tu consuelo; que participen de la liturgia de tu Iglesia, sean testigos de ti ante los hombres, y después de una feliz ancianidad lleguen al reino de los cielos con estos amigos que hoy los acompañan.

Por último, y antes de salir solemnemente como pareja, el padre bendice y a cada invocación se responde «Amén»:

El Dios Padre los conserve unidos en el mutuo amor para que la paz de Cristo habite en ustedes y permanezca siempre en su hogar.

Amén.

Los bendiga en los hijos, encuentren consuelo en los amigos y tengan verdadera paz con todos.

Amén.

Los haga testigos de su amor en el mundo, generosos y compasivos con los pobres y los afligidos y así, gratos ante él, los acoja en sus mansiones eternas.

Amén.

Y a todos ustedes los aquí presentes, los bendiga Dios todopoderoso, Padre, Hijo y Espíritu Santo.

Amén.

El proyecto cristiano: un «no al fracaso»

Los conflictos de la vida conyugal no son un fenómeno reciente. La desarmonía de las parejas no es un invento de la época actual. Las dificultades de la convivencia son tan viejas como la humanidad. Dificultades que en alguna época se ocultaban o no salían a la luz porque la mujer aguantaba y se tragaba valientemente las lágrimas de la insatisfacción. Pero las dificultades estaban ahí, haciendo daño y destruyendo a las personas.

De esta vieja enfermedad de la humanidad da cuenta el evangelio en la pregunta que los fariseos hicieron a Jesús sobre el divorcio y a la cual Jesús respondió con un «no al fracaso»:

> Se acercaron unos fariseos que, para ponerlo a prueba, preguntaban: «¿Puede el marido repudiar a la mujer?».
> Él les respondió: «¿Qué prescribió Moisés?».
> Ellos le dijeron: «Moisés permitió escribir el acta de divorcio y repudiarla».
> Jesús les dijo: «Teniendo en cuenta la dureza de su corazón escribió para ustedes este precepto. Pero desde el comienzo de la creación Dios los hizo varón y hembra. Por eso dejará el hombre a su padre y a su madre, y los dos se harán una sola carne. De manera que ya no son dos sino una sola carne. Pues bien, lo que Dios unió no lo separe el hombre».
> Y ya en casa, los discípulos le volvían a preguntar sobre esto. Él les dijo: «Quien repudie a su mujer y se case con otra, comete adulterio contra aquella; y si ella repudia a su marido y se casa con otro, comete adulterio» (Del evangelio de Marcos 10,2-12).

La legislación israelita permitía el repudio de la mujer y esta es la ley de Moisés que el evangelio menciona, lo cual indica que la enfermedad de la humanidad es más antigua todavía. Porque esta ley permitía al hombre repudiar a su mujer si existía una justa causa. Algo así como cuando se compra un electrodoméstico: si no funciona se puede devolver al fabricante. De manera similar, el marido podía devolver la mujer.

La pregunta de los fariseos a Jesús es el interrogante de todos los tiempos en torno al conflicto de las parejas. Y al fracaso matrimonial Jesús contrapone el proyecto que puede y debe realizar una pareja, al responder que lo que une y mantiene unida a la pareja o lo que la separa no es una ley. Es Dios quien realiza la unión y la unidad de la pareja.

El fracaso y la ruptura de la pareja no son queridos por Dios sino un desorden introducido por hombres y mujeres con su egoísmo, su falta de generosidad, sus silencios y sus palabras desabridas, su «dureza de corazón» y todo lo que puede echar a pique un proyecto de felicidad.

En su respuesta, Jesús rechaza la práctica de devolver a la mujer que la ley israelita autorizaba, con lo cual estaba proclamando la igual dignidad del hombre y la mujer, requisito indispensable en una relación de pareja. También rechaza la posibilidad de construir un proyecto sobre bases diferentes del amor y proclama la comunidad de vida y amor que la pareja está llamada a realizar. Y rechaza el fracaso matrimonial porque es contrario al querer de Dios para los hombres y mujeres que intentan caminar juntos por la vida.

Preocupación constante de la Iglesia, desde sus primeros pasos, ha sido proponer la indisolubilidad del vínculo matrimonial. Las cartas de los papas de los primeros siglos, los cánones de los sínodos y los concilios medievales, la enseñanza reciente de la Iglesia, defienden la indisolubilidad del matrimonio en continuidad con la enseñanza de Jesús: el amor es posible y hay que defenderlo del fracaso.

Y la pareja hace el amor

La vida de la pareja nace y crece en la intimidad: en la intimidad que hace el amor y hace a la pareja. Y hablar de intimidad es hablar de sexualidad. De sexualidad humana. De sexualidad que hace el amor. Que no es lo mismo que el sexo entendido únicamente como una necesidad o una función biológica: sexo que no hace el amor.

La consecuencia de una sexualidad infrahumana es la búsqueda desesperada de experiencias que, las más de las veces, resultan insignificantes y sin importancia. Relaciones en las que el compañero o compañera es un objeto. El sexo que no hace el amor deja secuelas dolorosas: hijos ilegítimos, abandonados al nacer o desprotegidos durante su infancia; madres solteras; abortos. Y en una sociedad de consumo, el sexo es un producto más. Los medios de comunicación bombardean mensajes de sexo, dramas de sexo, fantasías de sexo, pero de sexo que no hace el amor. De sexo deshumanizado que se explota para fines comerciales, se vende en la pornografía, se negocia en la prostitución. Y la sexualidad que no es humana se convierte en fuerza de desintegración para los individuos y en poder de destrucción para las parejas. Consiguientemente, también, para la sociedad.

Por eso la pregunta que hay que plantearse es: ¿cuándo la sexualidad es humana y cuándo no es humana?

La atracción de los sexos que tiene por finalidad la conservación de la especie es común a todo el reino animal: es un instinto biológico determinado por la herencia genética cuya finalidad única y exclusiva es prolongar la especie. La sexualidad humana no ignora este carácter. Sin embargo, no se reduce a la necesidad de un compañero o compañera con quien satisfacer ese instinto. Es mucho más.

La sexualidad humana es un dinamismo hacia el encuentro con otra persona que hace posible salir de la soledad y el aislamiento, descubrir la propia realidad y descubrírsela a otros, realizarse y realizar al otro en la experiencia compartida del encuentro. Desde este horizonte tiene sentido el lenguaje propio de la sexualidad vivida en pareja, con el cual se expresa la entrega y aceptación mutuas, la comunión de vida total y definitiva. Esta es sexualidad que hace el amor. En cambio es infrahumana la sexualidad que se considera como una necesidad que hay que satisfacer.

La sexualidad humana es capacidad de amar, es apertura para el encuentro, es entrega gozosa, cuando en el amor, el yo y el tú se confunden en el nosotros en un diálogo continuo y permanente que integra a la pareja y la une en el amor. Así, en la experiencia de encuentro de pareja tiene sentido el lenguaje de la sexualidad para expresar el amor y «hacer el amor». Es sexualidad humana porque hace el amor. Por el contrario, considerar la sexualidad únicamente como asunto biológico es deshumanizarla.

Cuando se entiende la sexualidad como apertura a los demás y posibilidad de encuentro, se descubre su fecundidad: además de procrear, la sexualidad humana es creadora de personas, portadora de un movimiento hacia la plenitud humana en cuanto invita a ser mejor, libera del egoísmo, hace crecer en humanidad. Entonces tiene sentido para la pareja «hacer el amor» para hacerse pareja en el amor. Y en la medida en que se están creando como pareja y están creando su amor, procrean. Es decir, prolongan su amor en el hijo. Es sexualidad humana que hace el amor. Por eso no es humana la sexualidad que se reduce a la función reproductiva.

La sexualidad humana se vive en sociedad y su dinamismo abre hacia el nosotros social y hace la sociedad. Abre hacia el futuro y hace a los que van a realizar el futuro. Así se entienden las normas para vivir la sexualidad y cuya finalidad es impedir que se convierta en fuerza de desintegración personal y social. Para que pueda ser humana y «hacer el amor». Por lo tanto, la sexualidad no alcanza a ser plenamente humana cuando es egoísmo, cuando cada uno se siente dueño de su cuerpo y que no depende de nadie ni tiene que dar cuenta a sus actos.

Por el mismo hecho de ser humana, la sexualidad humana es un fenómeno cultural. Si sólo fuera un instinto biológico, tendría características universales e inmodificables inscritas en la naturaleza, tal como ocurre en los animales. Por eso cada cultura posee sus propios valores, normas y costumbres. Por ello la sexualidad que es solamente un instinto ciego hacia la unión de los sexos, tal como lo exige biológicamente la reproducción, es menos que humana.

Por último, en la perspectiva cristiana y católica, la sexualidad se interpreta como un don de Dios: porque es dimensión de la existencia humana creada por Dios, porque es apertura a la comunión que es imagen de Dios, porque es fecunda y participa de la capacidad creadora de Dios, tal como lo proclama la Sagrada Escritura en los relatos de creación, cuando de las manos del Creador nace la pareja creada a imagen suya:

> Creó Dios al ser humano a imagen suya, a imagen de Dios los creó, macho y hembra los creó (Del libro del Génesis 1,27).

Todo esto puede sonar a teoría. Y ciertamente es teoría: una teoría que enmarca la vida sexual de la pareja. ¿Cómo aterrizarla a la vida? ¿Qué es la intimidad propiamente dicha y cuál es el lenguaje de la intimidad sexual y del amor que expresa la íntima comunión de la pareja en el amor?

Intimidad significa cercanía, sentirse unidos, comunión. Está hecha de secretos compartidos, comprensión mutua, abrazos y caricias. Simplemente, estar juntos, el uno cerca del otro. La intimidad no es solamente genitalidad, si bien el lenguaje genital —el sexo— es importante porque conecta emocionalmente y hace la intimidad que hace el amor.

En cuanto al lenguaje del amor, el lenguaje genital —el sexo— es la forma como el amor se expresa físicamente para decir «te quiero de una manera diferente a como puedo querer a cualquier otra persona». Pero el mismo lenguaje puede expresar otros mensajes distintos. Porque es ambivalente. Y en lugar de decir «te quiero», puede ser lenguaje manipulador que busca lograr beneficios y que sirve, inclusive, para vengarse. O para no decir nada, simplemente usar al otro/a como objeto.

El lenguaje genital no es una técnica, ni una mecánica, ni una gimnasia. No es solamente asunto del Kamasutra. Porque más que «cómo» se expresa, lo importante es «qué» se expresa: amor, intimidad, comunión. El lenguaje genital de la intimidad sexual expresa la comunión en el amor, que comprende, a un mismo tiempo, lo físico, lo emocional y lo espiritual. Y comprende, por lo tanto, un placer triple: placer físico, que es propiamente el orgasmo; placer emocional, que es la alegría de sentirse aceptados, acogidos, valorados y realizados; placer espiritual, que es el éxtasis de la unión y la planificación de ser con el otro y para el otro.

Por último, la intimidad sexual es comunicación: expresa el amor que ya existe y dinamiza el amor que podrá seguir existiendo, porque el encuentro en el amor recoge el pasado y anuncia el futuro. Por lo tanto, una intimidad sexual satisfactoria equivale a una comunicación satisfactoria.

Tratándose de la interpretación de la sexualidad en la perspectiva de la tradición católica, vale la pena conocer qué dice la enseñanza de la Iglesia católica al respecto y cómo la tradición cristiana siempre ha reconocido la experiencia de pareja como algo bueno y se ha preocupado por ofrecer a los cristianos una interpretación que le dé sentido humano y unos criterios que ordenen la vida de pareja para el bien de las personas y el bien de la sociedad, siempre desde los valores del evangelio pero, obviamente, con los conocimientos propios de cada época.

Los siguientes son tres pronunciamientos recientes de la enseñanza de la Iglesia católica sobre la sexualidad que «hace el amor»:

- El Concilio Vaticano II destacó la importancia del amor conyugal en estas palabras:

Este amor por ser eminentemente humano, ya que va de la persona a la persona con el afecto de la voluntad, abarca el bien de toda persona y, por lo tanto, es capaz de enriquecer con una dignidad especial las expresiones del cuerpo y del espíritu y de ennoblecerlas como elementos y señales específicas de la amistad conyugal. Fundada por el creador y en posesión de sus leyes propias, la íntima comunidad de vida y amor está establecida sobre la alianza de los cónyuges, es decir, sobre su consentimiento personal e irrevocable (Del Concilio Vaticano II: Constitución sobre la Iglesia en el mundo, numeral 49).

- El papa Pablo VI, en la encíclica sobre la vida humana, proclamó el amor conyugal como fundamento y constitutivo indispensable de la vida de la pareja:

La verdadera naturaleza y nobleza del amor conyugal se revelan cuando este es considerado en su fuente suprema, Dios, que es amor. Bajo esta luz aparecen claramente las notas y las exigencias características del amor conyugal. Es, ante todo, un amor plenamente humano, es decir, sensible y espiritual al mismo tiempo. No es una simple efusión del instinto y del sentimiento, sino que es, también y principalmente, un acto de la voluntad libre, destinado a mantenerse y a crecer mediante las alegrías y los dolores de la vida cotidiana, de forma que los esposos se conviertan en un solo corazón y en una sola alma y juntos alcancen su perfección humana. Es un amor total, esto es, una forma singular de amistad personal con la cual los esposos comparten generosamente todo, sin reservas indebidas o cálculos egoístas. Quien ama de verdad a su propio consorte, no lo ama solo por lo que de él recibe sino por sí mismo, gozoso de poderlo enriquecer con el don de sí. Es un amor fiel y exclusivo hasta la muerte. Así lo conciben el esposo y la esposa el día en que asumen libremente y con plena conciencia el empeño del vínculo matrimonial. Fidelidad que a veces puede resultar difícil, pero que siempre es posible y noble y meritoria; nadie puede negarlo. Es, por fin, un amor fecundo, que no se agota en la comunión entre los esposos sino que está destinado a prolongarse suscitando nuevas vidas (De la encíclica de Pablo VI sobre paternidad responsable, numeral 8).

- Y el papa Juan Pablo II, en su carta sobre la familia, escribió:

Dios ha creado al hombre a su imagen y semejanza; llamándolo a la existencia por amor, lo ha llamado al mismo tiempo al amor. Dios es amor y vive en sí mismo un misterio de comunión personal de amor. Creándola a su imagen, Dios inscribe en la humanidad del hombre y de la mujer la vocación y consiguiente capacidad y la responsabilidad del amor y de la comunión. El amor es, por tanto, la vocación fundamental e innata de todo ser humano.

La sexualidad, mediante la cual el hombre y la mujer se dan el uno al otro en los actos propios y exclusivos de los esposos, no es algo puramente biológico, sino que afecta al núcleo íntimo de la persona humana en cuanto tal. Ella se realiza de modo verdaderamente humano, solamente cuando es parte integral del amor con el que el hombre y la mujer se comprometen entre sí hasta la muerte. La donación física total sería un engaño si no fuese fruto de una donación en la que está presente toda la persona, incluso en su dimensión temporal; si la persona se reservase algo o la posibilidad de decidir de otra manera en orden al futuro, ya no se donaría totalmente. Esta totalidad, exigida por el amor conyugal, corresponde con las exigencias de una fecundidad responsable, la cual, orientada a engendrar una persona humana, supera por su naturaleza el orden puramente biológico y toca una serie de valores personales, para cuyo crecimiento armonioso es necesaria la contribución perdurable y concorde de los padres (De la carta de Juan Pablo II sobre la familia, numeral 11).

8. La moral cristiana sólo tiene un mandamiento: el mandamiento del amor

La moral cristiana y propiamente católica es otro tema que suele prestarse a malos entendidos, pues se piensa, muchas veces, que ser católico consiste en cumplir cantidades de normas, leyes y preceptos que, aparentemente, impiden disfrutar la vida.

Además, se piensa que la Iglesia estableció estas normas, leyes y preceptos y que, para ser cristiano y católico, hace falta obedecer lo que manda la Iglesia, más como imposición extrínseca que como consecuencia de una opción. Por eso tanta gente no quiere saber nada de la Iglesia ni de la religión, a las que se cataloga como un obstáculo para la realización personal.

En buena parte tiene la culpa de esta opinión el tipo de formación moral que tradicionalmente habíamos recibido los católicos, desde una interpretación heterónoma de la moral en la que el comportamiento obedece a lo que está prohibido y a lo que está permitido. Es, también, la moral que califica como pecado la desobediencia a las leyes impuestas por la autoridad religiosa.

Y esto es lo que significa la palabra «heterónoma»: ley que otro impone.

En cierta forma, esta era la ética del antiguo testamento que se regía por los mandamientos que Yahvé entregó a Moisés en el monte Sinaí y que señalaban los mínimos éticos necesarios para la convivencia de un grupo humano: no matar, no quitarle la esposa al vecino, no robar, no dar falso testimonio, no ambicionar las pertenencias de las demás personas. Ciertamente se trataba de una moral heterónoma o de prohibiciones.

A estos mínimos éticos necesarios para la convivencia, la ley mosaica incorporó, en la perspectiva de la alianza o pacto de Yahvé Dios con su pueblo, la dimensión trascendente: no tener otros dioses, no practicar cultos idolátricos, no tomar en vano el nombre de Dios, destinar tiempos especiales para Dios. Y un mandamiento más que constituye fundamento de la organización social, como es el respeto por los mayores: honrar a padre y madre.

Pero el nuevo testamento sólo plantea un mandamiento como propuesta de Jesús:

> Les doy un mandamiento nuevo; que se amen los unos a los otros. Que como yo los he amado así se amen también ustedes los unos a los otros. En esto conocerán todos que son mis discípulos; si se aman los unos a los otros (Del evangelio de Juan 13,34-35).

Ahora bien, por razones pedagógicas y como un aspecto de la exposición de la doctrina cristiana, San Agustín, en el siglo V, incorporó las leyes del antiguo testamento como diez leyes o mandamientos de la ley de Dios —el decálogo— uniendo las prohibiciones de ir tras otros dioses y practicar idolatría, y dividiendo en los dos conocidos mandamientos —no desear la mujer del prójimo y no codiciar los bienes ajenos— la prohibición de ambicionar, codiciar o desear lo que le pertenece a otras personas: «No codicies la casa de tu prójimo: no codicies su mujer, ni su esclavo, ni su esclava, ni su buey, ni su asno, ni nada que le pertenezca» (Del libro del

Éxodo 20,17), ley que se explica porque en el mundo del antiguo testamento, que era una cultura patriarcal y que hoy llamaríamos «machista», la mujer era, junto con el esclavo y la esclava, el buey y el asno, una de las pertenencias del hombre.

Siglos después, los «diez mandamientos» elaborados por san Agustín, obviamente a partir de las leyes del Sinaí, quedaron consagrados en los tradicionales catecismos que han servido para la instrucción religiosa durante los últimos quinientos años.

Pero cuando, a finales del siglo XX, la Iglesia volvió los ojos hacía sus orígenes, saltó a la vista cómo vivían los primeros cristianos su opción por Cristo y esta constatación vino a cuestionar la forma heterónoma como la instrucción religiosa estaba proponiendo la moral.

Y esto es lo que aquí se quiere resaltar. La moral católica es moral de actitudes que manifiestan la opción por Cristo. No se reduce a «no robar» y «no mentir», sino que consiste en vivir en el amor que se traduce en justicia y verdad, respeto por las personas y por lo que les pertenece, cuidado por las cosas propias y ajenas, generosidad, solidaridad.

Ahora bien, la importancia que en la formación de la conciencia de los católicos se dio a los mandamientos de la ley de Dios opacó el único mandamiento que plantea el nuevo testamento: el mandamiento del amor, que es el núcleo de la enseñanza de Jesús y la característica de sus discípulos.

De este mandamiento o propuesta de Jesús se desprende una moral autónoma y esta es propiamente la moral cristiana y, por consiguiente, la moral católica.

La moral heterónoma va de la mano de la conciencia heterónoma, propia de los menores de edad a quienes hay que fijarles límites para que aprendan a obedecer. Los adultos, en cambio, aspiran a tener una conciencia autónoma, lo cual no es lo mismo que hacer lo que a uno le dé la gana.

O como escribe Fernando Savater, en *Ética para Amador:*

Cuando se es niño pequeño, inmaduro, con poco conocimiento de la vida y de realidad, basta con la obediencia porque todavía se está dependiendo de alguien, en manos de otro que vela por nosotros. Luego hay que hacerse adulto, es decir, capaz de inventar en cierto modo la propia vida y no simplemente de vivir la que otros han inventado para uno.

Este es el aspecto moral del cristianismo, moral de opciones y actitudes más que de leyes que hay que cumplir, moral propiamente cristiana porque está dinamizada por la acción del Espíritu Santo que Dios comunica a los hombres y las mujeres que aceptan seguir a Cristo.

Además, la moral católica tiene una dimensión comunitaria que consiste en hacer que reine el amor, en impregnar con el evangelio —la buena noticia del amor de Dios— las instituciones y los valores humanos, en procurar que el amor de Dios irrumpa en la vida de los seres humanos y transforme las estructuras. Es, además, compromiso solidario con los pobres y los necesitados.

Esta es la originalidad de la vida cristiana, la opción de quien descubre y acepta la invitación para vivir la vida en Cristo y construir el reino, como descubrieron y aceptaron la misma invitación los primeros seguidores de Jesús.

9. Muchas y diversas formas de orar en todas las religiones

La oración es abrir el corazón y la mente a la trascendencia; es entrar en comunicación y en comunión con la trascendencia o con la divinidad; es una relación de la persona de fe con la realidad trascendente que, al mismo tiempo, une a la comunidad.

Hay muchas maneras de orar, según la forma, según el motivo y las circunstancias personales, según la religión, según el momento:

- Pueden ser oraciones aprendidas durante la infancia.

- Pueden ser oraciones que se encuentran en libros de oración.

- Puede ser hablar con Dios con las propias palabras y en relación con los acontecimientos y circunstancias de la vida.

- Puede ser leyendo o escuchando un texto sagrado de los Vedas, la Biblia o el Corán.

- Puede ser meditar o reflexionar sobre un texto escrito.

- Puede ser ponerse en la presencia de Dios sin decir nada, como en la oración contemplativa.

- Puede ser oración comunitaria o individual.

- Pueden ser oraciones cantadas, salmodiadas, rezadas en voz alta o en el silencio del corazón.

- Pueden ser para adorar a la divinidad, agradecer sus bendiciones, pedirle ayuda o perdón.

- Pueden ser momentos para aclarar la mente, para encontrarse consigo mismo, para buscar consuelo, para tomar decisiones, para expresar admiración ante el misterio de la vida y la belleza del mundo.

Algunas personas rezan de rodillas o de pie, postrados o haciendo yoga; rezan con los ojos cerrados o mirando al cielo; rezan solas, como los contemplativos, o en comunidad, como la miniane, el grupo de diez judíos adultos que la ley judía ordena; rezan cinco veces al día, como los musulmanes, o tres veces al día, como los judíos; rezan repitiendo los nombres de Alá mientras pasan las 99 cuentas de la subhá de los musulmanes o meditando los misterios de la vida de Jesús mientras rezan las avemarías del rosario de los católicos; rezan en las ocasiones y formas establecidas o, simplemente, cuando les nace. Pero todas rezan para comunicarse con aquello o con aquel que su religión considera como el ser superior, la divinidad, el trascendente o, sencillamente, dios.

Los fieles de las religiones orientales, que reconocen la presencia de la divinidad en todo lo que los rodea, veneran la naturaleza, los ríos, las montañas. Pero también oran en los templos dedicados a sus dioses y en los altares que construyen en sus casas.

- La oración comunitaria del hinduismo está centrada en los templos dedicados a sus dioses: dejan flores alrededor de la estatua del dios, la ungen con óleo, queman incienso, recitan oraciones y se comparte una comida sagrada. Otra forma de oración del hinduismo es el yoga, una forma física y espiritual de lograr la necesaria concentración y hacer a un lado las distracciones para poder reunirse con la realidad última.

• En sus templos, los budistas meditan en silencio, cantan juntos, queman incienso y dejan ofrendas a los pies de la estatua de Buda.

• En los santuarios del sintoísmo y para que los kami oigan su oración, los fieles aplauden, se inclinan, dicen oraciones en voz alta, dejan monedas en una caja y comida al pie del altar.

En las tres religiones occidentales, la oración comunitaria o personal es ingrediente fundamental de la experiencia de la trascendencia. La oración comunitaria hace la comunidad y la oración privada hace a los creyentes.

• Los judíos oran tres veces al día mirando hacia Jerusalén y tienen que estar reunidos por lo menos diez judíos adultos, que es la miniane. Esta oración de los judíos incluye textos de la Torá, de los profetas y un salmo, además de oraciones de petición, agradecimiento y alabanza.

• Los cristianos oran en comunidad, principalmente en la misa de los católicos y en los servicios protestantes y anglicanos. En la misa, o celebración de la eucaristía, hay lecturas de la Biblia, oraciones de alabanza, perdón, petición y acción de gracias, además de la comunión, lo mismo que en la celebración eucarística de los anglicanos. En los servicios protestantes hay lecturas de la Biblia, himnos y oraciones comunitarias y, ocasionalmente, reciben la comunión.

- Los musulmanes oran en la mezquita cinco veces al día, recitando partes del Corán que saben de memoria y mirando hacia La Meca: al amanecer, al medio día, a mitad de la tarde, al ponerse el sol y en la noche. Oran de pie y con las manos levantadas, inclinados y postrados para manifestar sumisión a Alá.

Las siguientes son, respectivamente, algunas de las principales oraciones de judíos, árabes y cristianos:

- La oración habitual de los judíos es la llamada Shemá Israel:

Escucha, Israel: Yahvé nuestro Dios es el único Yahvé. Amarás a Yahvé tu Dios con todo tu corazón, con toda tu alma y con toda tu fuerza (Del libro de Deuteronomio 6,4–5).

- Todos los cristianos se dirigen a Dios con la oración que Jesús enseñó a sus discípulos, diciendo:

Padre nuestro, que estás en el cielo,

santificado sea tu Nombre,

venga tu reino,

hágase tu voluntad en la tierra como en el cielo.

Danos, hoy, nuestro pan de cada día,

perdona nuestras ofensas,

como nosotros perdonamos a los que nos ofenden,

y no nos dejes caer en la tentación, mas líbranos de mal.

- Y los musulmanes repiten la primera sura del Corán, también conocida como la fatiha o «la que abre»:

En el nombre de Alá, el compasivo, el misericordioso (Del libro del Corán, sura 1).

10. El reino de Dios se realiza en el aquí y en el ahora

Con respecto al reino existen confusiones, pues se piensa que no es de este mundo, reduciéndolo a un premio en la otra vida para los que sufren y se portan bien en esta. Por eso no resulta atractivo, particularmente para los jóvenes, que ven lejana esa otra vida y se afanan por vivir esta. Y lo mismo sucede con la palabra «salvación», que va de la mano de la expresión «reino de Dios».

Por eso estas dos palabras, «reino de Dios» y «salvación», necesitan alguna aclaración, como también otra expresión que utiliza el nuevo testamento: «vida nueva».

La expresión «reino de Dios» o «reino de los cielos» aparece en labios de Jesús para hablar de su obra: «el reino de Dios se parece...», «el reino de Dios está cerca...».

Y para hablar del reino de Dios, Jesús recurría a ejemplos sencillos tomados de la vida diaria de sus contemporáneos, como las semillas y la levadura, un tesoro y la red del pescador, para explicar que se trata de una invitación que se acoge libremente y que cuando se acoge da fruto; algo pequeño que crece y que transforma lo que está a su alrededor; que en el reino coexisten la experiencia del bien y la experiencia del mal.

Estos ejemplos tienen la forma de una historia muy corta de la que se desprende una enseñanza que difícilmente podría traducirse a términos conceptuales y cuyo propósito es hacer pensar al oyente en su propio comportamiento. Son las parábolas, un género que Jesús empleaba en su predicación y en las que no ofrece definiciones académicas del reino sino comparaciones sencillas para que sus oyentes de entonces y actuales pudiéramos entender el mensaje.

Una de estas parábolas o comparaciones es la del grano de mostaza:

> ¿A qué se parece el reino de Dios, o con qué podremos compararlo? Es como una semilla de mostaza que se siembra en la tierra. Es la más pequeña de todas las semillas del mundo, pero una vez sembrada, crece y se hace mayor que todas las otras plantas del huerto, con ramas tan grandes que hasta las aves pueden posarse bajo su sombra (Del evangelio de Marcos 4,30-32).

Con otras parábolas, como la del samaritano, Jesús muestra que el reino de Dios es el reinado del amor solidario. Y con las parábolas de la oveja perdida y el hijo pródigo, muestra que el reino de Dios es el reinado del amor misericordioso del Padre Dios: amor sin condiciones, amor que perdona.

Además, el reino de Dios no está arriba, en el cielo, y en el más allá. Es la irrupción del amor de Dios en la historia de la humanidad y, por eso, comienza a construirse aquí y ahora. El reino de Dios se realiza al aceptar las buenas noticias del amor de Dios y al «volvernos a Dios», es decir, cuando se produce el cambio de corazón que transforma a las personas y libera de toda esclavitud. Por eso es experiencia de salvación.

Tampoco, entonces, la salvación se refiere únicamente al premio en la otra vida, sino que es la plena realización de las aspiraciones verdaderamente humanas y liberación de todo lo que impide a hombres y mujeres vivir en forma plenamente humana. Por eso implica y exige un cambio de corazón, es decir, cambio de valores y actitudes, cambio en la manera de relacionarnos con el mundo, con los otros y con Dios.

Asimismo, la «vida nueva» que nace de la opción por Cristo conlleva un cambio de corazón y de mente, es decir, un cambio de valores y actitudes, un cambio en la manera de relacionarnos con el mundo, con los otros y con Dios, porque la opción por Cristo es opción por el reino que él anuncia y hace presente con su vida. Por eso, vivir la vida nueva en Cristo implica construir el reino mediante el compromiso comunitario y solidario con la humanidad, particularmente con todos los que viven en dificultad y esperan un cambio de situación.

En los evangelios está íntimamente relacionada la invitación al cambio de corazón con el anuncio del reino y la experiencia de salvación, como lo evidencian algunos textos que se proponen a continuación.

- Es la invitación a volverse a Dios y a un cambio de corazón que se manifiesta en hechos concretos, según el anuncio de Jesús que, en el evangelio de Lucas, hace Juan Bautista:

> Juan pasó por todos los lugares junto al río Jordán, diciendo a la gente que ellos debían volverse a Dios y ser bautizados para que Dios perdonara sus pecados.
>
> Entonces la gente le preguntó: «¿Qué debemos hacer?».
>
> Juan les contestó: «El que tenga dos trajes, dele uno al que no tiene ninguno; y el que tenga comida, compártala con el que no la tiene».
>
> Se acercaron también para ser bautizados algunos de los que cobraban impuestos para Roma y le preguntaron a Juan: «¿Maestro, qué debemos hacer nosotros?».
>
> Juan les dijo: «No cobren más de lo que deben cobrar».
>
> También algunos soldados le preguntaron: «Y nosotros,

¿qué debemos hacer?».

Les contestó: «No le quiten nada a nadie ni con amenazas ni acusándolo de algo que no haya hecho; y confórmense con su sueldo» (Del evangelio de Lucas 3,3.10-14).

- Es invitación a volverse a Dios y a cambiar el corazón, según el anuncio del reino con el que Jesús comienza su predicación en los evangelios de Mateo y de Marcos:

Desde entonces Jesús comenzó a proclamar: «Vuélvanse a Dios, porque el reino de Dios está cerca» (Del evangelio de Mateo 4,17).

Después que metieron a Juan en la cárcel, Jesús fue a Galilea a anunciar las buenas noticias de parte de Dios. Decía: «Ha llegado el tiempo y el reino de Dios está cerca. Vuélvanse a Dios y acepten con fe sus buenas noticias» (Del evangelio de Marcos 1,14-15).

- Es constatación de cambio de corazón que se traduce en un comportamiento, según la experiencia de salvación vivida por Zaqueo en el encuentro con Jesús:

Jesús entró en Jericó y comenzó a atravesar la ciudad.

Vivía allí un hombre rico llamado Zaqueo, jefe de los que cobraban impuestos para Roma. Este quería conocer a Jesús, pero no conseguía verlo porque había mucha gente y Zaqueo era pequeño de estatura. Por eso corrió adelante y, para alcanzar a verlo se subió a un árbol cerca de donde tenía que pasar.

Cuando Jesús pasaba por allí, miró hacia arriba y le dijo: «Zaqueo, baja en seguida, porque hoy tengo que quedarme en tu casa».

Zaqueo bajó aprisa y con gusto recibió a Jesús.

Al ver esto, todos comenzaron a criticar a Jesús, diciendo que había ido a quedarse en la casa de un pecador.

Zaqueo se levantó entonces y le dijo: «Mira, Señor, voy a dar a los pobres la mitad de todo lo que tengo y si le he robado a alguien, le devolveré cuatro veces más».

Jesús le dijo: «Hoy ha llegado la salvación a esta casa» (Del evangelio de Lucas 19,1-9).

- Y es, también, invitación al cambio el anuncio de la resurrección que hace Pedro y que se lee en el libro de los Hechos de los apóstoles, donde también se constatan las consecuencias prácticas del cambio y a las que se da el nombre de salvación:

Entonces Pedro se puso de pie con los otros once apóstoles y con voz fuerte dijo: «Judíos y todos los que viven en Jerusalén, sepan ustedes y oigan bien lo que les voy a decir. A este Jesús a quien ustedes crucificaron, Dios lo ha hecho Señor y Mesías».

Cuando los allí reunidos oyeron esto se afligieron profundamente y preguntaron a Pedro y a los otros apóstoles: «¿Hermanos, qué debemos hacer?».

Pedro les contestó: «Vuélvanse a Dios y bautícense cada uno en el nombre de Jesucristo, para que Dios les perdone los pecados y así él les dará el Espíritu Santo».

[...]

Los que hicieron caso de su mensaje fueron bautizados; y aquel día se agregaron a los creyentes como unas tres mil personas.

Todos seguían firmes en lo que los apóstoles enseñaban y compartían lo que tenían, y oraban y se reunían para partir el pan. Y cada día el Señor iba agregando a la comunidad a los que aceptaban la salvación (Del libro de los Hechos de los apóstoles 2,14.36-47).

Así, el reino que Jesús predicaba y que hizo verdad con su vida es una nueva jerarquía de valores y una nueva forma de relación entre las personas que tiene como fundamento el amor que se manifiesta en respeto, en solidaridad, en servicio, en justicia.

Por eso, vivir la vida nueva en Cristo consiste en construir el reino mediante el compromiso comunitario y solidario con la humanidad, particularmente con los que viven en dificultad y esperan un cambio de situación. Y esto es propiamente la salvación: salvación histórica, salvación que abarca a la persona toda y a todas las personas, por lo cual no hay salvación si no hay liberación de todo lo que nos impide realizarnos plenamente como personas.

Por eso, la opción por el reino, al descubrir y aceptar la salvación que viene de Dios, lleva a cuestionar y renunciar a la salvación disfrazada en los absolutos que el mundo proclama: el dinero, el poder, la fama. Y es posibilidad de dejarse invadir del amor de Dios para poder amar: no con palabras sino con hechos muy concretos que permitan a los demás sentirse amados y amadas para poder realizarse como personas.

Esta opción por el reino libera del egoísmo y lleva a solidarizarnos con el dolor y el sufrimiento porque el amor a Dios no puede cohonestar la injusticia y la violencia, se hace grito de denuncia y acción para liberar a quienes son víctimas de dicha injusticia y de dicha violencia. Porque el amor que viene de Dios lleva al hermano y es amor sin resentimientos y sin violencia como es el amor de Jesús.

Esta opción por el reino es opción por los pobres y por los que nos necesitan, es compromiso en la búsqueda de solución para ofrecer mejores condiciones de vida para la inmensa mayoría de nuestros hermanos los habitantes del mundo, lo cual implica identificar las dificultades y las aspiraciones de los hombres y mujeres del mundo, nuestros hermanos y hermanas, para poder asumir una actitud crítica y comprometida frente a las desigualdades, injusticias y atropellos que contra ellos y ellas se cometen. Al fin y al cabo, el reino de Dios o reinado de Dios es el reino del amor misericordioso del Padre: amor de hermanos, amor sin restricción, amor al enemigo, amor que da la vida.

En últimas, porque el reino es la dimensión comunitaria o dimensión social de la experiencia cristiana.

Y porque Jesús confió a la Iglesia la misión de hacer presente el reino, la enseñanza de la Iglesia se ocupa de la economía y de la política, de la cultura, de la justicia y de la paz, e invita a los hombres y las mujeres a hacer que reine en el mundo el amor.

Para referirse a la experiencia del reino, el papa Juan Pablo II utilizó la expresión «civilización del amor» cuyas características en palabras del mismo pontífice son las siguientes:

> Se trata de una sociedad donde la laboriosidad, la honestidad, el espíritu de participación en todos los órdenes y niveles, la actuación de la justicia y la caridad, sean una realidad.
>
> Una sociedad que lleve el sello de los valores cristianos como el más fuerte factor de cohesión social y la mejor garantía de su futuro. Una convivencia armoniosa que elimine las barreras opuestas a la integración nacional y constituya el marco del desarrollo del país y del progreso del hombre.
>
> Una sociedad en la que sean tutelados y preservados los derechos fundamentales de la persona, las libertades civiles y los derechos sociales, con plena libertad y responsabilidad, y en la que todos se emulen en el noble servicio del país, realizando así su vocación humana y cristiana. Emulación que debe proyectarse en servicio de los más pobres y necesitados, en los campos y en las ciudades.
>
> Una sociedad que camine en un ambiente de paz, de concordia, en la que la violencia y el terrorismo no extiendan su trágico y macabro imperio y las injusticias y desigualdades no lleven a la desesperación a importantes sectores de la población y les induzcan a comportamientos que desgarren el tejido social.

Hacia esta sociedad, que podemos llamar civilización del amor, han de converger más y más vuestras miradas y propósitos (Del discurso de Juan Pablo II a los dirigentes colombianos en Bogotá en 1986).

Punto final

Es costumbre concluir un libro escribiendo unas conclusiones e incluir una lista de libros consultados bajo el título de Bibliografía.

Dos razones explican por qué este libro no tiene conclusiones. Una es porque no se trata de una investigación de carácter académico. La otra es porque las preguntas no se agotan. Siempre habrá nuevas preguntas y siempre habrá que buscar nuevas respuestas.

Las conclusiones no pueden ser mías sino las que cada lector o cada familia elabore a partir de la lectura de estas páginas. Sólo le pido a Dios, de corazón, que ellas hayan podido acompañar en la búsqueda de respuestas a las preguntas de sus hijos y sus nietos, pero también a las que ustedes mismos también se hacen en relación con la fe.

En cuanto a una bibliografía, detrás de estas páginas hay muchos libros que he leído y algunos que he escrito. Citarlos sería una difícil tarea. Además, como ya lo señalo en el párrafo anterior y debo repetirlo, este libro no es de carácter académico sino que pretende poner al alcance del gran público algunas de las actuales respuestas que ofrece la teología a las preguntas que todos nos hacemos. Por eso tampoco hay notas de pie de página como las que se acostumbran en otro tipo de publicaciones.

Ahora bien, sugiero un libro: la Biblia.

Y para quienes quieran satisfacer sus inquietudes, las editoriales especializadas en temas religiosos ofrecen muchos e interesantes títulos. Ustedes pueden construir su bibliografía.

Este libro se terminó de imprimir en los
talleres gráficos de Nomos Impresores,
en el mes de marzo de 2009,
Bogotá, Colombia.